生命覺醒！
OH卡
潛能開發

從圖像到心靈，一段喚醒生命力的內在旅程

—— 柯惠 著 ——

讓圖像說話，讓心回應
每一次抽牌，都是一次覺醒的開始
一副卡牌，開啟一段生命轉化旅程
潛意識不會說謊

掙脫心的束縛

　　在古希臘德爾菲阿波羅神殿的門楣上，刻寫著這幾個文字：「認識你自己」，是古希臘最著名的箴言之一，從此，這個主題就遍及人類所有的哲學思想。在西方，它被認為是希臘哲學的遺產，但實際上這個概念源自更古老的東方智慧傳統，每個人都想要認識自己，了解生命的意義和目的。（古希臘哲學家）亞里斯多德指出，人的生命不應該滿足於一般的美善，所要追求的是永恆的真、善、美，將這種人生不斷在追求永恆的過程，他主張這是一種不斷的由「潛能」到「實現」的過程。人的一生一直是朝向更完美的目的進行，達到目的之前針對這目的是一種潛能狀態，達到目的就是實現了、完成了，對人來說又是多了一種價值。而不斷的追求使人一直在變動，一直由潛能走向實現。對照於中國的《易經》「象數理占」系統本質上是一套宇宙潛能開發模型，六十四卦展現「太極 - 兩儀 - 四象 - 八卦」的衍生過程，占卜中「老陰變陽，老陽變陰」的機制，本質是強迫切換認知模式，如井卦九三「井渫不食，為我心惻」，未被開發的潛能如同未被汲飲的清泉，是天地能量的浪費。到「裁成輔相」泰卦的實踐完成，強調"窮則變，變則通，通則久"，說明變化是常態，提供一種動態平衡的框架，幫助我們在變化中覺察內在資源，可以發現兩者之間雖用語不同，但思考人生的生活態度卻是一致的。

　　道家創始人老子提出，清淨無為的思想，認為人要無我、無慾、居下、清虛、自然，剛強容易折斷，柔軟可以保存，以精神來役使物質，一切依循自然，一切事物存在的根源是自然界中最初的發動者，它具有無限的潛在力和創造力，天地間萬物蓬勃的生長都是道的潛藏力不斷發揮的一種表現。道家強調通過觀察自然規律來認識自我，認為人應該順應自然，理解自身在宇宙中的位置，從而達到身心的和諧。

道法自然的中心觀念，即人類行為的準則，每一個人都活出自己的本色，這個宇宙自會生生不息，無需刻意維護和創造。就像花會開，樹會長，雲會飄，水會流這是它的功。花開、樹長、雲飄、水流，把本分做得很好，這就是德。一棵樹長的很高大，長的很好，不是為了我們，但我們因它而受益，這才是真正的功德。其實生命本該這樣，回歸本真，活好自己原本的功能。世界的原始本色，本性使然聽憑內心的召喚，洗滌了許多迷惘的心，能處順境也能處逆境，雖遇挫折攻擊也能承受。『道』的運行符合自然規律，因此人類應該效法自然，以順應而非違抗世界的本質，達到和諧與長久的發展。

　　隋唐醫學名家，《黃帝內經太素》的作者楊上善說：修身為德，陰陽氣和。《黃帝內經》也指出：所以能皆度百歲而動作不衰，以其德全而不危也。科學家在神經化學領域的研究中發現了這樣一種現象，當人心懷善念、積極思考時，人體內會分泌出令細胞健康的神經傳導物質，免疫細胞也變得活躍，身心就不容易生病。

　　你的信念成為你的命運，每天傳遞健康、喜悅、幸福、豐盛、感恩的訊息給你自己，必須仰賴古聖先賢的經驗，作為指引的明燈，掌握正確的方向，照見智慧之路。啟動健康自我療癒的系統，身體自會康復。你會在人生的各種際遇裡，愈來愈清楚的知道向提升認知一＞自我成長一＞生命覺醒邁進，解決人生道路上的問題與挑戰，安然跨越逆境。

　　南投基督教醫院神經科暨環境職業醫學科 蔡松彥主治醫師的第一本書《心轉，癌自癒》主要在強調自己罹癌後的學習、成長、重生歷程分享，

以及癌症成因探討與主流醫學的可能療癒之道。他重新省思疾病的成因，發覺原來所有疾病的原因不外乎（一）外因：物理性、化學性及生物性；（二）內因：不良生活型態、心理情緒面及先天特質，只是各個影響的權重可能不一。他也強調身心對人體的整體健康缺一不可，一般大眾往往重視有形如營養及運動的改善，但容易忽略心理情緒及靈性的部分，然而這無形的後者才是所有疾病的最終源頭。

人本主義（美國心理學家）亞伯拉罕・馬斯洛提出「需求層次理論」，認為人類有追求更高層次需求，如：生命意義、創造力、潛能發揮的內在動力。將自我實現定義為人的潛能、才能、天賦的持續實現，因為人有向上發展的潛能，是動力的來源。只有當個體不斷探索自身的才能、興趣與價值觀，並且突破外在與內在的限制，才能真正活出最完整的自我。達到自我實現後，還有另一層更高的狀態「超越」，是最頂峰也最全面的愉悅，此時一個人所關注的事物，會完全超越其他的層次，不再以「個人」為出發點來思考，而是會以利他為主。潛能開發是自我實現的基礎，而自我實現是潛能開發的終極目標。

依據（瑞士心理學家、精神科醫師、分析心理學的創始人）卡爾・榮格的理論，心理疾病的發生是因為個案內心世界中的潛意識和意識失去平衡的緣故，導致個人生命循環的窒礙，無法活出個人獨特的生命。卡爾・榮格認為，人類的生命不僅僅是物質性的生存，而是一場自我的探索與成長。他強調自我（self）是我們內在真正的核心，而人的一生，就是不斷朝向自我發展的過程。卡爾・榮格的生命觀強調：「真正的成長，不是迎合外在世界的期待，而是深入內在，與自己的潛意識對話，實現完整的自我。」這個過程不僅帶來個人智慧的提升，也讓生命變得更加豐富而有意義。

（精神分析學創始人、奧地利心理學家）西格蒙德‧弗洛伊德提出潛意識理論，對人的心理結構進行深刻的研究，認爲潛意識是心理活動的重要組成部分，它包含了被抑制的願望、恐懼、冲動及冲突，會影響著人的行爲、想法和情感。潛意識佔據整體人格最大部分，如果你更多的了解自己，你就可以發現你的潛意識有著極爲豐富的內涵，可以通過各種手段來探索潛意識的內容，如：通過夢的分析、自由聯想、催眠、OH卡潛能開發、克服卡、星海羅盤卡、藝術作品或投射技術。在這個過程中，隨著話語的展開，被壓抑的或潛意識的內容會逐漸顯現。當我們迷失方向時，它們會成爲前進的嚮導，當我們猶豫不決時，它們會給我們提示正確的方向。當我們持續在潛意識中植入正向的生命目標，潛意識會自動尋找資源與機會，讓我們朝著目標邁進。

　　每個人都是獨一無二的個體，也只有自己具備與自己使命相應的機遇，在家庭、工作以及生活的每一個情境中，都在向我們挑戰，因此我們透過學習與行動，讓潛意識突破新的挑戰，開發更多未被發掘的能力。

　　運用OH卡潛能開發，做過去、現在、未來的整合，認識自己的現況和天命，是每一個人都應該尋求的最基本意義，也是尋求突破人生重挫的一股力量，能夠知道未來的方向，對自己的人生不再迷惘。自我成長的精神即通過自我實現、內在驅動力和積極的人生觀，追求個人在自由、責任和關係中不斷進步，也注重與他人的互動，通過健康的關係促進自我完善，實現更好的自己。

　　OH卡因其「投射性工具」的本質，可結合多種心理學理論與實務方法，以下是幾個常見的心理學取向及其如何應用OH卡的方式。

升級人生說明書

　　每次在工作中，有來做 OH 卡潛能開發諮詢的個案，或是來上 OH 卡課程的學生，總是看到他們人生設定要做的功課。

　　有的人能夠立刻轉念學習方法去做，就可以逐漸的修復關係和自我療癒，不再重複障礙。有的人則一直反反覆覆的，稍微覺醒之後又走偏，就等於往忽視內在的方向走。能夠直面所有的痛苦和恐懼，一切向內求，鏈接自己內在的力量，你的世界其實來自于你的認知。

　　認知是對真我自性的認識，對自己的了解和生命運作的模式。

　　體驗每一場 OH 卡潛能開發的對話，它可以提供更多的訊息給你，或是每一次情緒的覺察，都藏著成長的可能。可以向內觀到底什麼事情讓自己有情緒，什麼念頭、想法、行為導致這樣的結果。當下覺察每個起心動念，才可以轉變內在的習慣模式，突破提升自己的認知。最根本的問題是，只要瞭解自己的遊戲規則很重要，看清自己的設定，全力以赴成為自己命運的掌舵者，就可以解鎖劇情挑戰，人生可以重新設定，你會不斷的超越自己，升級人生說明書。

　　未來不可控都是變化浮動的結果，地球就是一個遊戲場，鍛鍊人類的覺醒和進化，在這個進化和升維的轉折點，常常令人迷惘，都是面臨感情、金錢、健康的各種壓力。使用 OH 卡潛能開發引導，所涵蓋的內容廣泛而且極為實用，只要是有需要與人（包括與自己內在）互動，就可以運用到傾聽、覺察、諮商技巧、雙向溝通、激勵士氣等，均發揮極大的工作效益。不僅是技術的傳承，更是愛的延續，是能夠豐富我們體驗的工具，可以讓自己的心安靜下來，立刻問自己，我是誰？我想要成為什麼樣

的人？（想要自信、想要快樂）和反思面對自己的恐懼（人生課題），並且要去做到改變成長，才能夠生命覺醒啓迪智慧去創造想要的生活。

　　人生要有目標，但是要把握當下的決定正確，做出正確的決定，這意味著成功和失敗，個人的快樂和沮喪之間的不同，OH 卡可以幫助你持續不斷地修正，就可以通過考驗。尋找生命中喜歡的人、事、物，感激、感恩、分享和利他，生命才會有動力。

　　每當遇到困境時，先問自己，這是哪一關的任務？我能夠從中學習到什麼技能或覺察？重新省思喚醒自己，才可以放下執著解決問題，幫助自己覺察隱藏在潛意識下的深層衝突，看到自己的生命功課。你的思考、情緒都是一種振動頻率，此時此刻的你所做的決定，會影響你的未來，隨著回收到同樣的振動頻率。柔軟的創造新的信念、信仰、習慣，不管生活給了我什麼，都把它當成正向的學習。生活的經驗讓我們體悟，痛苦的背後是禮物，孤獨的背後是光芒。和過去的自己一刀兩斷，再捏出一個全新的自己，並不斷地持續去做，就可以輕鬆地轉出重重迷宮，找到自己對的位置，提升意識能量場的強度，才能爲自己創造最好的結果。當你的振動頻率持續提高時，萬事萬物皆爲你而來！

　　OH 卡是一種相當有趣實用的工具，而且可能比你想像的更容易學習，不妨多嘗試本書中所提供的各種方法，立刻拿出你的 OH 卡來實地演練，多練習將有助於建立你和 OH 卡的對話默契。

OH 卡系列潛能開發課程講師
柯惠

Chapter 1

OH 卡可結合的心理學取向與運用方式

一．榮格心理學（分析心理學）　　012

二．心理動力學取向　　012

三．敍事治療（Narrative Therapy）　　012

四．完形治療（Gestalt Therapy）　　012

五．認知行為治療（CBT）　　013

六．人本取向（羅傑斯學派）　　013

七．多元智能與藝術治療取向　　013

Chapter 2

OH 卡介紹

一．什麼是 OH 卡？　　016　　三．學習 OH 卡的好處與使用　　023

二．關於 OH 卡的理論　　020　　四．OH 卡的潛能開發　　025

Chapter 3

OH 卡的運用原則

一．保密原則　　028　　四．自助原則　　029

二．信賴原則　　028　　五．堅持原則　　029

三．如實接受性原則　　028

Chapter 4

OH 卡的運用優點

介紹 OH 卡跟一般塔羅牌的不同之處	032
OH 卡牌陣遊戲	034
OH 卡讀書會課程設計	035

Chapter 5

OH 卡與宗教信仰的連結方式

一．生命覺察	040
二．宗教輔導工作	040
三．宗教象徵與 OH 卡圖像的共鳴	040
四．團體與默想活動	041
五．文化敏感與尊重差異	041
六．OH 卡潛能開發一日工作坊	042

Chapter 6

提供 OH 卡圖卡之圖像說明與引導詞彙建議

▎OH 卡使用範例	093	Ⅵ．尊重	104
▎OH 牌陣的 12 個推薦用法	094	Ⅶ．愛的目的	106
Ⅰ．突破	094	Ⅷ．改變	108
Ⅱ．放下才能快樂	096	Ⅸ．愛是恩慈	110
Ⅲ．轉換思維	098	Ⅹ．愛的禮物	112
Ⅳ．付出愛的人	100	Ⅺ．愛是體貼	114
Ⅴ．愛的存款	102	Ⅻ．愛的本質	116

Chapter 7

OH 卡做潛能開發諮詢的 24 個案例解讀

一．	開發生命的快樂與意義	120
二．	婚姻可以不靠忍耐來維持	122
三．	信念創造實相	124
四．	我們所看到的是有限的	126
五．	說好話很重要	128
六．	重複問題的苦惱	130
七．	家中青少年情緒低落又壓抑	132
八．	乖孩子拒學轉打電競	135
九．	兒子覓職造成母子關係緊張	138
十．	銀髮女性跳脫婚姻枷鎖	140
十一．	離婚不是天塌下來	142
十二．	五個時間管理技巧	144
十三．	高齡母女的相處難題	146
十四．	職場支援咖操到爆累	148
十五．	夫妻相處中少點抱怨	150
十六．	孩子學習落後情緒低落	152
十七．	先生不爽就離職超任性	156
十八．	新工作堅持去做才會有希望	158
十九．	學習接納伴侶不完美	160
二十．	現代社會壓力大到受不了！	162
二十一．	遠距工作伴侶回巢不適應	164
二十二．	境由心轉	166
二十三．	關係修復同心圓	168
二十四．	蛻變成功	170

OH 卡如何協助處理壓力	172
OH 卡處理壓力的應用活動建議	173
OH 卡學理支持	173
生命覺醒	174
勇敢做獨一無二的你	175

Chapter 1

OH 卡
可結合的心理學取向與運用方式

一. 榮格心理學（分析心理學）
二. 心理動力學取向
三. 敘事治療（Narrative Therapy）
四. 完形治療（Gestalt Therapy）
五. 認知行為治療（CBT）
六. 人本取向（羅傑斯學派）
七. 多元智能與藝術治療取向

一、榮格心理學（分析心理學）

核心概念	運用方式
自動化思考、認知重建、行為模式。	用詞語卡辨識負向信念與自動化思考。

適合夢境分析、生命歷程探討等主題。

二、心理動力學取向

核心概念	運用方式
潛意識動力、防衛機制、早期經驗。	將卡片作為自由聯想的媒介，引導潛在衝突浮現。協助探索依附模式、自我價值與內在衝突。

可用於創傷回憶、家庭關係的潛意識解讀。

三、敘事治療（Narrative Therapy）

核心概念	運用方式
個人經驗的故事建構、重寫生命故事。	使用卡片刺激故事創作，發掘個人經驗中的「例外」或資源。幫助案主重新建構更有力量、更具希望的敘事。

適合用於自我概念建立、自信心提升等議題。

四、完形治療（Gestalt Therapy）

核心概念	運用方式
當下經驗、自我覺察、未竟事務。	導引案主在此時此刻對卡片的感受與情緒。圖像可作為「空椅對話」的替代對象。

鼓勵完整表達與情緒釋放，促進整合。

五、認知行為治療（CBT）

核心概念	運用方式
自動化思考、認知重建、行為模式。	用詞語卡辨識負向信念與自動化思考。

圖卡協助情緒辨識與情境設想。

六、人本取向（羅傑斯學派）

核心概念	運用方式
真誠、共感、無條件正向關懷。	OH 卡營造安全的表達環境，讓案主自由探索。協助案主釐清自我感受與需求。

非指導式引導，重視案主主觀經驗。

七、多元智能與藝術治療取向

核心概念	運用方式
創造力、象徵表達、非語言溝通。	卡片作為非語言投射媒介，幫助表達難以言說的經驗。搭配繪畫、寫作、肢體表達等延伸活動。

適合兒童、青少年或創傷個案。

OH 卡的彈性與整合性

　　OH 卡並不屬於某一種心理學派，而是一種可被多種學派整合的工具。其重點在於「協助案主投射內在經驗」，而治療師或引導者則可根據不同理論，設計出適合的探索流程與提問方式。

Chapter 2

OH 卡介紹

一. 什麼是 OH 卡？
二. 關於 OH 卡的理論
三. 學習 OH 卡的好處與使用
四. OH 卡的潛能開發

一、什麼是 OH 卡？

OH 卡的歷史與發展「起源背景」

OH 卡誕生於 1980 年代初，是一套結合藝術表達與心理學投射技術的工具，開發者為：

莫里茲・艾格莫瑞 （Moritz Egetmeyer）	伊利・拉曼 （Ely Raman）
德國心理學家，在加拿大攻讀人本心理學碩士，對榮格心理學與投射技術有深入研究。	墨西哥裔的藝術家，擅長以水彩創作象徵性圖像。

兩人在一次跨文化的心理學工作坊中相遇，發現彼此對於心理圖像與語言的連結有高度共鳴，於是開始共同創作這套工具。最初的設計理念是想創造一種可以「打開內在世界之門」的媒介，既不需依賴語言精準描述，也不需要對圖像作出標準詮釋，而是讓每一位使用者都能透過「自由聯想」來探索自我。

「OH 卡的命名由來」

「OH」這個名稱並非簡稱，而是取自人們在使用卡片時，經常因為觸動到內在真實感受而發出驚嘆的「喔！（Oh！）」聲音。這是一種：

❶自我覺察的瞬間	❷潛意識浮現的反應	❸與情感共鳴的表現

這個簡單的聲音，象徵著這套卡片所帶來的「打開」與「啟發」功能。「OH 卡的結構」。

原始 OH 卡組合包含兩套卡片

❶圖像卡 （Image Cards）	❷字卡 （Word Cards）
88 張，手繪水彩風格，內容包含人、動物、場景、物品、抽象象徵等。	88 張，印有單一詞語，如「恐懼」、「希望」、「夢想」、「成功」等，涵蓋情緒、價值觀、行為、狀態等概念。

使用方式可單獨抽取圖卡或字卡，也可以疊合使用，透過「圖像＋詞語」的結合激發內在故事、回憶與情緒聯結。

「OH 卡的應用發展」

自發行以來，OH 卡迅速獲得全球心理師、教育者、教練與藝術治療師的關注與喜愛，主要應用包括：

心理諮商與治療	促進潛意識探索、創傷療癒、自我認識。
團體引導與課程	提升互動深度、建立信任、激發創意思維。
教育與兒童發展	幫助表達情緒、練習口語表達與社會理解。
企業與團隊訓練	用於團隊共識、角色反思、價值觀覺察。
創意與寫作	激發直覺、故事構思、人物設定。

目前，OH 卡已被翻譯成多國語言（包括中文、法文、西班牙文、日文等），全球擁有超過 40 個以上不同主題的延伸卡套，如 Resilio（韌性卡）、COPE（因應卡）、Personita（角色探索卡）等，涵蓋文化、人生課題與心理主題的各種面向。

「OH 卡的核心理念」

圖像是語言的起點	每張圖都能成為一段故事的開端，喚起記憶與情緒。
沒有「正確答案」	所有的詮釋都是個人內在經驗的投射與反映。
強調安全與尊重	使用過程中鼓勵接納、非評價與彼此聆聽。
邀請對話與連結	卡片成為人與人之間溝通與理解的橋樑。

OH 卡也可以稱為"潛意識投射卡"

OH 卡總共有 176 張牌，由兩組牌組成。一組是圖畫卡 88 張，以水彩畫圖案描繪我們生活的各個層面。另一組是文字卡 88 張，可以作為這些水彩畫圖案的背景，輔助當事人了解圖畫卡所要傳達的涵義。

當選擇任意一張圖卡放入任意一張文字卡，那麼就會有 7744 種不同的組合情況。在文字和圖畫的組合當中，OH 卡就會告訴你某種訊息，它們會繼續以引導的方式呈現，以此來刺激我們的創造力。

OH 卡有別於傳統塔羅牌，它是一種全新的設計，其目的不在於預測未來，而是一種簡單實用的直覺聯想工具，能刺激我們發揮創造力和想像力，從而完全自發性地探索自我與潛意識，讓我們得到一個全新且更廣大的視野，看見生命的所有可能性，就可以認識自己並找到生活中的動力。

當個案翻 OH 卡牌而能夠深入地去傾聽內在，透過溝通來支持重建，它也許透過語言、圖像、某種的直覺，因此身心而安定，這種引導性的想像及心像將成為了解自己與自我療癒的工具，很適合用來做為我們向內在世界探詢的線索。

OH 卡是一種特殊的工具，看起來好像是一個很簡單的遊戲，但是事實上它們是一個魔術包，隨著我們的生命而變得更豐富，流通於許多心理學愛好者、占卜愛好者，台灣綜藝節目和命理節目也常見 OH 卡的心理測驗，它已開始進入各行各業，被廣泛運用在家庭、學校、輔導工作、團體活動、創意啟發等領域，從亞洲地區台灣、香港、中國大陸、新加坡、馬來西亞等華人地區，都掀起學習 OH 卡的熱潮，目前有 22 種語言版本。

二、關於 OH 卡的理論

愛因斯坦說：「一個人潛意識中所蘊藏的能量是潛意識的三萬倍。」世界上的一切物質都可以用能量去換算，這就是愛因斯坦的智慧，能量就是由物質的運動和振動產生的。

為什麼一切都是能量組成的？

不同物體的振動頻率是不同的，所以產生了不同等級的能量。振動頻率最高的為無形的物質，比如：思想、意識；頻率其次的為有生命的物質，比如：人和動物，當然人的頻率要比動物高；振動頻率最低的物質，如花草、樹木、桌椅等，人體就像一個小宇宙，本身具足自我適應能力、自我修復能力、自我療癒能力、自我覺醒能力，每個人體都蘊含著無限強大的能量。

學會打開你的心念認識自己，練就一顆堅定強大的內心，面對各種外界變化，才是未來最關鍵的能力。認識自己究竟是為了什麼呢？是為了打開我們先天本有的智慧和能力，可以點燃自己的生命，這生命是光，可自照亦可照亮別人。

愛因斯坦的質能方程式 $E=mc^2$，原本是用來描述質量 (m) 與能量 (E) 之間的關係，說明即使是極小的質量也能轉換為巨大的能量（因為光速平方 c^2 是個極大的數值）。雖然這是物理學的公式，但如果我們從心理學或潛能開發的角度，用「隱喻」的方式來詮釋，它可以激發我們對自身潛力的理解與開發。

以下是潛能開發的隱喻性應用方式：

1. 每個人都有「質量」，也就是潛力的本質

   質量 (m) 可被理解為我們的天賦、特質、經驗與個人價值。

   看似微小的潛質，只要被啟動、轉化，就能釋放出巨大的能量。

2. 「光速平方」象徵意圖、行動與心念的力量

   光速平方 (c^2) 是一個極高的倍數，象徵著：

   思維的速度

   信念的力量

   集中專注的爆發性

   當我們帶著強烈的意圖行動時，潛能被加速放大。

3. 能量（E）是成果、影響力或生命的動能

   透過理解自我（質量）＋ 投入信念與行動（光速平方），我們可以釋放出更大的創造力、熱情與貢獻力（能量）。

   應用方式舉例：

   質量 (m) 你的核心價值、特質、興趣 你有哪些被忽視的小特質其實是力量？

   光速平方 (c^2) 你的信念系統、情緒動能、想像力 你是否相信自己能把潛力放大百倍？

   能量 (E) 成果、貢獻、吸引力、生命熱情 當你整合價值與行動時，能產生什麼影響？

這樣的隱喻也可運用於教學、教練或 OH 卡引導中，幫助個案意識到：只要找到自己的核心「質量」並注入行動與信念，就能釋放出難以想像的潛能能量。

榮格（Carl Gustav Jung），瑞士心理學家、精神分析醫師和分析心理學的創立者，他針對一些身體健康、心智正常，卻不快樂的人，提出生命能量的均衡協調，必須具備四個要素：

要有正面積極的思維、話語、行動、愛心，落實在生活中，可以改善身心失調，並能有效提升自己的競爭力。

每一個人都有自我療癒的能力，OH 卡可以結合心理、輔導、諮商以及藉由問話與引導的方式，有系統的學習 OH 卡潛能開發，運用較高的觀點看待個案的問題，是許多助人工作者所期盼的使用方法，也能讓自己在生命道路上有更多的成長。

OH 卡是一種複合式的工具，它在各種行業裡面都可以扮演一個很好的角色，尤其是那些跟處理與人有關的行業，它能喚醒潛意識，反映出當下某個片刻，那是一種原原本本的呈現，就好像真理的掃描儀，也是我們人生的黃金羅盤。

三、學習 OH 卡的好處與使用

| 提升自己的最佳途徑 | 改善關係的理想方式 | 自助助人的最佳工具 | 找到生命目標的 GPS |

OH 卡的使用

. 有時候，明明心裡有很多話要說，卻不知怎樣表達？
. 有時候，自己的夢想很多，卻力不從心。
. 有時候，別人誤解了自己，心裡鬱悶的發慌。
. 有時候，心裡突然冒出一種厭倦的情緒，覺得自己很累、很孤獨。
. 有時候，發現自己年紀漸長，卻看不到未來的目標，迷茫不知所措。

　　這些問題累積多了，就會身心失調，生活好像進入迷宮，要如何避免發生重複的問題？以及當下該怎麼做？以及人生的方向是什麼？

　　OH 卡繞過邏輯思維，幫助我們和潛意識對話，是可以療癒解惑的工具。每一個人都有夢想，當夢想與現實有差距，受到了挫折或是需要突破、成長的時候，OH 卡能幫助我們看清衝突來源。如同催眠時的引導，將隱藏在潛意識中的畫面浮出來，緩解內在的壓抑。

　　外在事件都只是內心投射的結果，問題的源頭在內心，而內心出現了問題，正是愛出現了問題。我們可以透過 OH 卡的學習，瞭解在愛的部份是哪裡糾結了？只有誠實地去實踐愛，所糾結的事件才會被解決，才可以改善無形的身心壓力，所執著的可以因此而放下，能夠積極的、平靜的達到自我超越的目標。

我們渴望愛，渴望擁有美好的親密關係，渴望身心與物質同時豐盛，但要從哪裡開始，我們並不知道。

潛能開發可以突破生命的枷鎖，不再重複障礙，能夠釋放掉壓力，釋放掉身心疲憊，喚醒你的內在潛力。

透過潛能開發，你可以看到當下的問題，以及如何改善這些問題的方法，能夠認識自己，成為更美好的自己，只要照著方法去做，就可以成長突破心想事成。

四、OH 卡的潛能開發

人生就像考卷,有是非、有選擇、有問答、有填充,你能考到幾分?

只要心關過了,關關都能過。你就是自己生命的作者,文章該怎麼寫,不是他人可以左右,而是心在引導你怎麼下筆。

侯鳥之所以因氣候遷徙而不會迷失方向,是因牠的腦部有個類似指南針的機制,指引牠往正確的方向飛行。而人之所以常常做重複的事情,習慣改不了,在不知不覺會做一些補償、報復、犧牲、競爭、背叛、完美主義,甚至會覺得毫無價值感,喪失自信心等。這些執著都是我們內在潛藏的地雷,有些是偶爾或是每天爆炸,而讓自己的生活失去了動力。

透過運用 OH 卡潛能開發來提升自己,可以勇敢的去面對過往的傷痛,緩解所產生的糾結情緒,進而去自我療癒曾經烙印在我們內在的負向價值觀,對自己有更深的覺察,轉化自心創造進步,回到真正內外平衡的中心點。

潛能開發有五項關鍵的要素

人生不可能永遠有光,遇上黑暗時,你要成為自己的光,敞開你的心胸,傾聽你的心,希望你去感覺、去體驗這些信息,全身心地去經歷、去做改變,就能夠學習解決問題的根源,疏導糾結的情緒,你將會成長,得到信心,讓生活有動力。

所執著的可以因此而放下，你就會發現痛苦的根源，這樣你就可以釋放身體的緊張壓力，當你認識到內在的痛苦，你開始理解你的痛苦，就有同理心的體會，就會生出慈悲之心，這是一種身心和諧的過程，有了這樣的經驗，你就可以去幫助別人減少痛苦，你的快樂就會增加，這就是愛的行為。

　　在生命成長的過程中，我們的內在都曾經歷過不同程度的傷痛，這個內在的創傷潛藏在內心不為我們覺知，但卻影響了我們的命運，使我們的生活陷入自哀自怨的情境中，以致無法破繭而出。

　　這是一個美好的機會，讓你有意識地去經驗生命的本質，經由接受自己的黑暗面，內在核心的力量得以整合，毛毛蟲將會蛻變成美麗的蝴蝶，燦爛的展翅高飛。

Chapter 3

OH 卡的運用原則

一. 保密原則
二. 信賴原則
三. 如實接受性原則
四. 自助原則
五. 堅持原則

OH 卡有很多的用途，而且可以用在很多不同的層面，從輕鬆的說故事到深入的自我探索解決問題。從書本裡所提供的案例，都可以根據你所希望的設計來做一些技術上的改變，以適合你自己的情況。

在使用 OH 卡的時候要記住下列五點：

一. 保密原則

在 OH 卡互動裡面，我們要互相尊重對方的隱私，面對所有的創傷性反應，都像每一個人的指紋一樣，都是獨一無二的，值得珍惜和尊重，將注意力集中在克服的技巧，而不會太著重在那個創傷的負面效應。為了改善創傷，OH 卡可以幫助將那個創傷顯露出來，以增加了解和改善的機會，它讓每一個人都能夠找到一個獨一無二的方法，從創傷性的壓力中恢復。

二. 信賴原則

暴露在自然的災難，人類的過失，被剝奪人性的感覺，和無力感的經驗會讓一個人覺得很無助。彼此兩個人之間的諮詢關係必須是一種合作的狀態，那是一個分享和陪伴的過程，當碰到困難或是沒有預期的情況時，雙方溝通的關係必須能夠助長安全、信任、支持和給予力量的感覺。

三. 如實接受性原則

用自然的方式，透過比喻性的說故事來處理創傷性的意象，社交的互動，內在的探討和幽默，所有這些都對一個人的成長有幫助。OH 卡的運用可以充當為一個指導員或是教練，提供一些對個案來講可能是新的觀念，並開發出一些潛藏的能力。

四 . 自助原則

透過使用 OH 卡來說出個人的故事，能夠創造出一個比喻性的情況，使得能夠跟過去所發生的事保持和諧，並培養出對未來的樂觀和信心。

五 . 堅持原則

科學對生活有價值，但是科學不能滿足生命所有的需求，我們怎樣才可以找到一個中庸之道？在西方占卜術，星相學被看作對某個行星推測或概率的學問，比如天氣預報，它的預測也是有自己的一套系統，占卜術、星相學和"玩"這個概念，關係很密切。你可以不百分百的相信，但是你可以親自體會，可以給你一個好的心理暗示。

Chapter 4

OH 卡的運用優點

介紹 OH 卡跟一般塔羅牌的不同之處
OH 卡牌陣遊戲
OH 卡讀書會課程設計

人生有太多的無明煩惱要去除，所以選擇擁抱保有赤子之心，因為有赤子之心相伴，生活並不是從此不再遭遇挫折，但有了 OH 卡潛能開發的引導，能夠轉化執著幫助成長的因緣。OH 卡是意識與潛意識的共同延伸，文字卡與圖像卡代表著理性與感性的不同。將左腦與右腦合併使用，可以做多樣化的連結，不要將 OH 卡的圖像與文字做系統化的排序整理，反而會限制著我們廣泛的想像力。提供大家如何學習運用 OH 卡，不只是當做遊戲的工具，而是能夠做到改變認知、緩解情緒、調整心態和發現自己內在的盲點，引導人們立即認識自己，深入潛意識意識化的過程，能夠擴展身心的覺知，一層一層的往上成長突破，能少一些無謂煩惱，便增一份生活動力。

介紹 OH 卡跟一般塔羅牌的不同之處

OH 卡不是塔羅牌，但它們有些相似之處，也有明顯的不同。

相似之處	不同之處
都是用來做內在探索、自我了解與自我對話的工具。都可以用來引導故事、啟發直覺、進行心理諮詢或創造力。	塔羅牌有固定的牌義與結構（如大阿爾克那、小阿爾克那），牌面象徵有特定意義，通常會有「占卜」的用途。

　　OH 卡是一種「投射卡」，沒有固定牌義，每個人依照自己的感受去解讀。它強調「沒有對錯」、「沒有標準答案」，是一種很開放、自由的心理探索工具。

生活中的煩惱，就像凌亂的絲線，難以整理分明而讓人糾結不清。

1. 可以透過 OH 卡的引導，一層一層地看到自己潛藏的壓力。
2. 可以學習和 OH 卡做自我對話。
3. 可以解決問題，提供當下就要去做的方法。

人心中的慾望，就像頑劣的馬匹，難以引導馴服而讓人心神不寧。

人生中的執迷，就像磨損的鏡面，無法照見真相而讓人茫然不已。

可以獲得：

1. 直覺力，透過學習以致有新的視野和思維。
2. 整合內在與外在。
3. 釋放情緒與過往經歷。
4. 支持身心的全面健康。

OH 卡牌陣遊戲

「一個人玩」

可以從抽出的字卡和圖卡去引導自己的思維跳出固式舊有框框，可以協助畫畫或是寫文章和記錄生活感想，對自我是一種蛻變的成長。在這個過程中，用牌卡自我探索及對話有了實際的心得收穫，就可以和更多的朋友分享交流學習，是可以促進人際關係溝通的一種橋樑。

「故事接龍」

團體裡的每一個人各抽出字卡和圖卡，從故事主題來發揮聯想與創造力，做故事接龍可以分組討論，也可以輪流心得分享，加強兒童與青年的說故事能力和想像力，對年長者的記憶力和頭腦專注力的訓練有幫助。

「創造你的故事」

根據佛教的唯識心理學，西方榮格分析心理學派的理論：

吾人透過眼、耳、鼻、舌、身、意六個管道，所造做的每一個行為，以能量的形態，直接植入吾人最深層的潛意識，佛教稱之"阿賴耶識"。這些能量經過累世在"阿賴耶識"的醞釀，等能量具足，就現行成為今日每一個遭遇，佛教稱之為果報，一長串的果報，就組合成吾人的因緣。因緣是透視人生的第一扇窗，改變因緣就能改變命運，你會發現釐清信念，原來我們每個人本自具足。

OH 卡讀書會課程設計

課程名稱：

圖像與自我的對話：OH 卡讀書會

課程目標：

1. 認識 OH 卡的起源、結構與基本使用方法。
2. 學習圖像與詞語的象徵詮釋與聯想技巧。
3. 體驗 OH 卡於自我探索、人際互動與自我省思的應用。
4. 建立安全、尊重與創造性的對話空間。

課程對象：

對 OH 卡有興趣的初學者

心理相關背景者（輔導老師、社工、心理師）

希望進行生命省思、自我對話者

課程時數建議

6 週課程，每週 2 小時（可彈性縮短為 3 週或單次體驗課）

課程架構與內容

第一週：打開 OH 卡的世界──認識與初體驗

- OH 卡的歷史、創作者與發展
- 圖卡與字卡的結構與象徵特性
- 體驗活動：自由抽卡說故事

→小組討論：我如何解讀圖像？我在這張卡片裡看見什麼？

■ 第二週：從圖像到故事──聯想與投射的藝術
　・心理學基礎介紹（投射、自由聯想）
　・圖卡詮釋練習：一張圖卡多義與意義生成
　・體驗活動：三張圖卡編織個人故事
　→回饋分享：從別人的故事看見自己的生命主題？

■ 第三週：詞語的召喚──情緒與價值的覺察
　・圖卡加字卡的使用與意義層次
　・體驗活動：「圖＋字」雙卡聯想（自我狀態探索）
　→小組練習：引導性提問與深度聆聽技巧

■ 第四週：人我之間──溝通與共感的橋樑
　・卡片在團體溝通與人際互動中的運用
　・體驗活動：交換卡片、互說故事
　→小組練習：同理與非批判性回應

■ 第五週：成長與內在之路──與自我對話
　・OH 卡與自我探索（可搭配經文、省思題）
　・活動一：生命中我正在經歷的轉折（3 張圖卡 +3 張字卡）
　・活動二：宇宙／內在智慧想對我說的話（抽卡回應）
　→默觀式分享：安靜、省思與書寫。

▋ **第六週：整合與創作——你的故事之旅**

- 回顧六週的變化與啟發
- 體驗活動：我的生命故事牌卡（圖加字）
- 創作與展現：分享個人故事或一段感謝祈禱

→結業小禮物建議：自製小 OH 卡、祝福語卡等

學習方式與特色

小組互動／同儕回饋

實作為主／理論為輔

重視個人感受與心理安全

可搭配閱讀書籍

（如〔探索你的內在地圖〕、〔生命覺醒-OH 卡潛能開發〕等）。

附加建議

＊ 可設計「OH 卡讀書會手冊」：每週課程筆記＋卡片聯想欄位

＊ 每堂可開啟「本週問題卡」：各抽一張圖卡＋一張字卡作為一週省思主題

＊ 可與繪本、詩詞結合做聯想

Chapter 5

OH 卡與宗教信仰的連結方式

一．生命覺察

二．宗教輔導工作

三．宗教象徵與 OH 卡圖像的共鳴

四．團體與默想活動

五．文化敏感與尊重差異

六．OH 卡潛能開發一日工作坊

一. 生命覺察

OH 卡能協助人們傾聽內在聲音、辨識重要訊息，信仰者可以透過卡片與宇宙的旨意、內在良知或自我對話，常見於默觀祈禱、個人省思時。

舉例：
抽到一張圖卡與「固執」字卡時，可能引導使用者思考：「我需要放下什麼？高我要我學習什麼方法？」

二. 宗教輔導工作

課程導師運用 OH 卡協助學員面對生命困境，例如哀傷、罪惡感、憎恨。卡片可作為對話的橋樑，打開學員內心，不需立即談論信仰理論，而從經驗出發。

三. 宗教象徵與 OH 卡圖像的共鳴

OH 卡中的許多元素（如門、光、黑暗、道路、家庭）具有跨文化與宗教象徵意涵。引導者可邀請參與者思考這些象徵與個人信仰的關聯。

可能的提問
❶ 這張圖讓你想起哪段經文？ ❷ 在你的信仰中，這樣的情境代表什麼？ ❸ 高我可能透過這張圖在對你說什麼？

四. 團體與默想活動

在宗教團體中，OH 卡可用於：

| 靜修營 | 禱告會前的默想引導 | 小組學習與分享 |

使用卡片作為「經驗的開門者」，再導入經文、祈禱或教義探討。

五. 文化敏感與尊重差異

> **在宗教或內在導向的應用中，重要的是：**
>
> ❶ 尊重卡片可能與特定信仰圖像不一致。
> ❷ 引導時以開放與包容的態度對待個人的詮釋。
> ❸ 可選擇性地使用與信仰背景較契合的卡片。
> 　（例如無暴力或宗教衝突圖像）

OH 卡作為「內在反思的橋樑」

OH 卡不屬於任何宗教，但它所激發的聯想、感受與故事，正是許多信仰實踐中非常核心的元素。它既可以作為生活成長的工具，也可以協助人們將信仰內化為生命實踐。

六．OH 卡潛能開發一日工作坊

這是專爲「OH 卡潛能開發」設計的一日課程方案，結合潛意識探索、創造力激發與自我成長，適合初學者或進階者參與：

主　　題	探索內在資源解鎖創造力。
課程時間	6 小時（含休息與實作）。
人數建議	8-15 人（小班制確保互動品質）。

破冰活動：用「字卡＋圖卡」兩兩配對，進行趣味自我介紹。

上午時段｜覺察與連結		
1 小時	開場 OH 卡基礎理論	OH 卡心理學基礎：潛意識投射原理與安全原則 示範「經典聯想玩法」：如何提問引導深度思考
1.5 小時	自我覺察練習	活動一：情緒地圖 抽取 3 張圖卡＋3 張字卡分別代表「過去／現在／未來」的三種情緒狀態，透過小組分享覺察模式。
		活動二：主動轉化 隨機抽一張字卡作為「人生課題」，用一張圖卡重新詮釋其正面意義。
午休（1 小時）		

	下午時段｜創造與行動	
1.5 小時	團隊創意激盪	活動三：故事接龍 小組共用一套卡牌，輪流抽卡編織集體故事，訓練即興表達與共創能力。
		活動四：問題解決 匿名寫下當前困擾，交換抽卡提供「潛意識建議」
1 小時	目標視覺化	製作「行動指引卡陣」： 1 張圖卡代表理想自我 +1 張字卡作為行動關鍵詞 +1 張空白紙繪製行動目標 引導學員將目標轉化為具體「30 天微行動計劃」
1 小時	結尾與整合	團體回饋： 每人各用 1 張圖卡 +1 張字卡總結今日收穫 OH 卡分享討論：如何應用於日常生活而非占卜

✔ 課程特色設計
　心理安全優先：強調「沒有標準答案」
　多元智能應用：結合敘事治療、藝術治療與設計思考

所需物料：

OH 卡（圖卡 + 字卡）每組 1 套
空白紙、彩筆供創作

此課程可依企業培訓、個人成長等需求調整焦點，例如加強「職場決策力」或「親密關係溝通」。關鍵在於營造開放氛圍，讓參與者自然觸發內在智慧。

OH 卡每張圖卡本身不附固定意義，因為卡的核心理念就是「投射」，意思是使用者將自己的內在經驗、情緒、信念投射到圖卡上。因此，每個人對同一張的解釋都可能完全不同，由於 OH 卡無固定定義，下面提供的是引導使用者解讀圖卡的方向。

1. 你看到了什麼？	2. 情緒層面	3. 故事創作
・你覺得這張圖發生了什麼事？ ・有什麼感覺或回憶被喚起？	・這張圖讓你有什麼感覺？ ・圖中角色表現了什麼情緒？ ・這個情緒跟你目前生活的哪個面向有關？	・為這張圖寫一段故事或對話。 ・如果你是圖中的角色，你會說什麼？你會做什麼？

4. 結合字卡使用
抽一張字卡，疊在圖卡上，看看它們產生什麼新的意義。

語言通常有其框架和邏輯，雖然能夠傳遞具體的意義，但往往局限於表面層次。而直覺則是直接來自於我們潛意識的感知，沒有任何外界限制。當我們用正面解讀圖卡時，心靈不再被言語的結構所束縛，反而能深

入到情感和內心的層面，讓我們的自我對話更加真實深刻。因此，正面解讀能比語言更準確地觸及心靈深處，揭示那些言語難以表達的情感與想法。

這種自我探索的過程而是透過直覺的感受，打開一個潛意識的窗口，讓我們能夠在 OH 卡潛能開發的引導時展現出內在的需求和衝突的情感，從而促進自我了解與提升自己認知。

Chapter 6

提供 OH 卡圖卡
之圖像說明與引導詞彙建議

- OH 卡使用範例
- OH 牌陣的 12 個推薦用法
  - Ⅰ. 突破
  - Ⅱ. 放下才能快樂
  - Ⅲ. 轉換思維
  - Ⅳ. 付出愛的人
  - Ⅴ. 愛的存款
  - Ⅵ. 尊重
  - Ⅶ. 愛的目的
  - Ⅷ. 改變
  - Ⅸ. 愛是恩慈
  - Ⅹ. 愛的禮物
  - Ⅺ. 愛是體貼
  - Ⅻ. 愛的本質

T001

圖像說明：

畫面中有兩隻手各握住一根彎曲的灰色物體，看起來像是羊角或粗繩，兩手互相拉扯的樣子。背景為黃色，整體畫面有緊張與對抗的氛圍。

可能象徵意涵：

❶力量的較勁 ❷對立與衝突
❸互相牽制或互不相讓
❹合作與競爭之間的拉鋸

引導詞彙建議：

對抗、拉扯、堅持、緊張、力量、平衡、衝突、界線、較量、合作困難。

T002

圖像說明：

一個穿著披風和帽子的人物，背對觀者站在紅色背景前，右手高舉著一顆閃亮的光球，身體姿態顯得堅定有力。

可能象徵意涵：

❶勇氣與領導 ❷啟示或發現 ❸點亮前路
❹成為他人的指引者

引導詞彙建議：

光明、勇氣、領導、自信、探索、啟發、力量、照亮、指引、突破。

T003

圖像說明：

一隻戴著手錶的手指著牆上的月曆，清楚可見日期排列（星期日到星期三）。畫面主題圍繞著時間、計劃或安排。

可能象徵意涵：

❶時間管理　❷計畫與目標
❸壓力或期待　❹回顧過去或預期未來

引導詞彙建議：

時間、計劃、壓力、等待、紀律、安排、期限、目標、期待、行動。

T004

圖像說明：

玻璃杯子被打破。

可能象徵意涵：

❶關係破裂　❷情感傷痕　❸回憶的撕裂

引導詞彙建議：

分離、過去、失落、傷痛、斷裂、情感、決裂、懷念、痛苦、修補。

T005

圖像說明：
大樹下有兩人坐著交談，周圍是溫暖陽光。

可能象徵意涵：
❶支持 ❷親密關係
❸傾聽與理解 ❹安全感

引導詞彙建議：
陪伴、傾聽、支持、分享、溫暖、連結、信任、安定、友情、理解。

T006

圖像說明：
一群人圍著舉紅色旗桿。

可能象徵意涵：
❶歡樂 ❷連結 ❸純真 ❹群體力量

引導詞彙建議：
連結、團體、歡樂、合作、純真、安全、陪伴、共享、無憂、活力。

T007
圖像說明：
錢。

可能象徵意涵：
❶接納生命 ❷自由與喜悅

引導詞彙建議：
喜悅、開放、自由、祝福、接納、自然、幸福、輕盈、生命、美好。

T008
圖像說明：
手握訊息卡。

可能象徵意涵：
❶自我創造 ❷內在投射 ❸身份探索

引導詞彙建議：
自我、創造、表達、繪畫、真實、自我形象、內在、身分、創意、展現。

T009

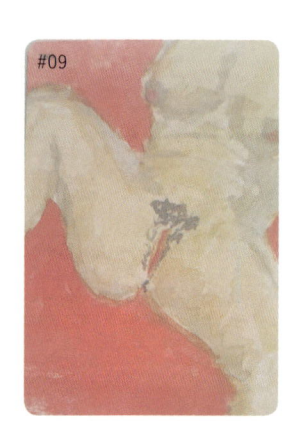

圖像說明：
女性器官。

可能象徵意涵：
❶解放 ❷突破束縛 ❸追求自由

引導詞彙建議：
自由、釋放、突破、飛翔、選擇、轉變、希望、新生、脫困、勇氣。

T010

圖像說明：
一位黑臉黃色眼神哀傷的人。

可能象徵意涵：
❶隱藏的情緒 ❷假面下的真實

引導詞彙建議：
面具、掩飾、孤單、演出、情緒、偽裝、脆弱、內心、表象、哀傷。

T011

圖像說明：
一對母子擁抱在一起，彼此緊貼。

可能象徵意涵：
❶無條件的愛　❷安全依附

引導詞彙建議：
愛、擁抱、關係、支持、安全、親密、照顧、連結、溫柔、依附。

T012

圖像說明：
握住另一個人的手。

可能象徵意涵：
❶共同面對困境　❷愛中的支持

引導詞彙建議：
關係、支持、共度、情感、守護、溫柔、親密、依靠、陪伴、信任。

T013

圖像說明：
手拿著吉他彈琴。

可能象徵意涵：
❶回憶 ❷失落的情感 ❸懷舊與遺憾

引導詞彙建議：
回憶、懷舊、情感、遺憾、想念、逝去、過去、舊愛、信念、懷念。

T014

圖像說明：
被旋轉的水流包圍。

可能象徵意涵：
❶愛的堅持 ❷柔中帶剛 ❸情感的穩定

引導詞彙建議：
穩定、愛、包容、堅持、柔軟、情感、滋養、支持、流動、內斂。

T015

圖像說明：
一隻驢子。

可能象徵意涵：
❶孤獨的旅程 ❷情感漂流 ❸內在靜默

引導詞彙建議：
漂泊、孤獨、平靜、探索、內省、旅程、自由、迷惘、獨處、等待。

T016

圖像說明：
四角箱子。

可能象徵意涵：
❶被遺忘的旅程 ❷停滯或過去的選擇

引導詞彙建議：
停止、遺忘、記憶、選擇、舊路、迷失、重返、決定、歷史、迷惘。

T017

圖像說明：
三人同站。

可能象徵意涵：
❶陪伴中的寧靜　❷忠誠與內在平靜

引導詞彙建議：
陪伴、忠誠、安靜、自我、靜心、感恩、片刻、療癒、平靜、連結。

T018

圖像說明：
一層層灰色階梯。

可能象徵意涵：
❶時間的靜止　❷靜謐的等待　❸宇宙與神秘

引導詞彙建議：
時間、停滯、夢境、神祕、靜止、沉澱、等待、宇宙、時刻。

T019

圖像說明：
家中的臥床。

可能象徵意涵：
❶安全感 ❷溫暖 ❸放鬆與歲月的沉澱

引導詞彙建議：
休息、安適、歲月、放鬆、寧靜、家、陪伴、溫暖、舒適、滿足。

T020

圖像說明：
一根木頭被黑繩綑綁。

可能象徵意涵：
❶被限制 ❷對自由的渴望 ❸自我困住

引導詞彙建議：
禁錮、渴望、壓抑、自由、掙扎、夢想、無力、希望、束縛、突破。

T021

圖像說明：
在酒吧檯的休閒活動。

可能象徵意涵：
❶放鬆 ❷信任 ❸靜心 ❹當下的享受

引導詞彙建議：
安心、溫暖、靜謐、放鬆、自在、獨處、慢活、安全、滿足、沉澱。

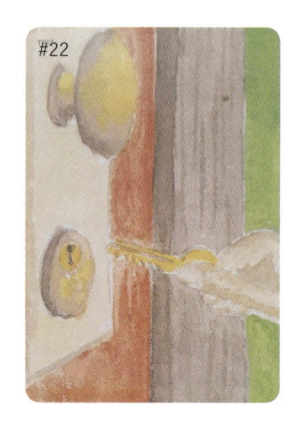

T022

圖像說明：
一扇微開的門，手拿著鑰匙，透出強烈的光線。

可能象徵意涵：
❶機會 ❷新開始 ❸轉變 ❹希望之光

引導詞彙建議：
機會、敞開、轉變、決定、突破、好奇、選擇、未知、希望、冒險。

T023

圖像說明：
灰藍色的牆壁前站著孤單的一個人。

可能象徵意涵：
❶沉思 ❷療癒 ❸結束與開始的交會點

引導詞彙建議：
靜心、轉化、孤獨、結束、平靜、釋懷、自省、希望、重整、療癒。

T024

圖像說明：
牧羊人。

可能象徵意涵：
❶穩固 ❷安全感 ❸生命力與連結

引導詞彙建議：
穩定、成長、支持、連結、生命、根基、滋養、保護、自然、歷程。

T025

圖像說明：
一位母親溫柔地擁抱嬰兒。

可能象徵意涵：
❶接納 ❷情緒容器 ❸依附關係
❹無條件的愛

引導詞彙建議：
接納、愛、撫慰、依附、哭泣、理解、安全、溫柔、信任、母性。

T026

圖像說明：
躺在病床上吊點滴。

可能象徵意涵：
❶求助的呼喚 ❷孤立中的希望

引導詞彙建議：
求救、孤單、訊息、希望、被看見、拋出、渴望、等待、呼喚、傳遞。

T027

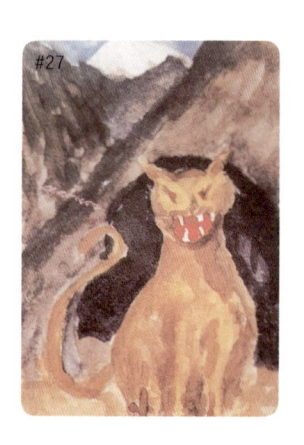

圖像說明：
黑洞前已經有怪獸。

可能象徵意涵：
❶神秘 ❷死亡的象徵 ❸內在的黑暗

引導詞彙建議：
神秘、警覺、結束、陰影、觀察、黑暗、預兆、孤獨、靜默、直覺。

T028

圖像說明：
慶祝。

可能象徵意涵：
❶歡樂 ❷連結 ❸純真 ❹群體力量

引導詞彙建議：
連結、團體、歡樂、合作、純真、安全、陪伴、共享、無憂、活力。

T029

圖像說明：
一隻白鴿展翅飛翔，背景是柔和的藍天和光芒。

可能象徵意涵：
❶和平 ❷希望 ❸自由 ❹純潔

引導詞彙建議：
希望、和平、純潔、願望、釋放、祈禱、平靜、飛翔、開始。

T030

圖像說明：
兩人握手，背景模糊但有陽光穿透。

可能象徵意涵：
❶和解 ❷合作 ❸信任的建立

引導詞彙建議：
合作、理解、信任、關係、連結、溝通、同意、重建、支持、和平。

T031
圖像說明：
一隻手摀著臉。

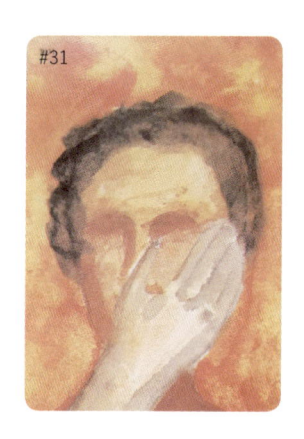

可能象徵意涵：
❶卸下面具 ❷揭露真相 ❸自我揭示

引導詞彙建議：
真實、偽裝、面具、自我、揭示、保護、脫落、揭露、誠實、脆弱。

T032
圖像說明：
辦公桌。

可能象徵意涵：
❶智慧 ❷歲月的歷練 ❸回顧人生

引導詞彙建議：
沉思、回顧、智慧、老年、時間、經驗、記憶、等待、沉澱、歷史。

T033

圖像說明：
樹根的草叢有一堆螞蟻。

可能象徵意涵：
❶未知的可能性 ❷選擇與冒險

引導詞彙建議：
選擇、命。

T034

圖像說明：
望向無盡的大海。

可能象徵意涵：
❶沈思 ❷寧靜 ❸自我療癒

引導詞彙建議：
平靜、思考、寂寞、療癒、自省、沉澱、海洋、放下、自由、存在、運、機會、隱藏、好奇、賭注、未知、猜測、策略、轉折。

T035

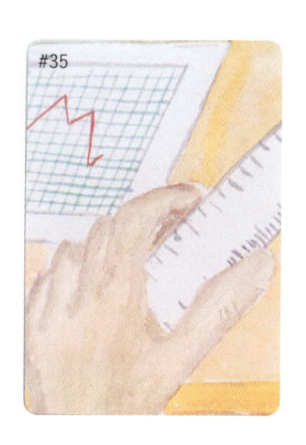

圖像說明：
手中拿著量尺。

可能象徵意涵：
❶ 前方未知 ❷ 人生旅程 ❸ 探索與迷惘

引導詞彙建議：
旅程、方向、不確定、迷霧、尋找、探索、人生、靜心、選擇、內在之路。

T036

圖像說明：
用槌頭敲擊。

可能象徵意涵：
❶指引 ❷堅定 ❸在混亂中保持信念

引導詞彙建議：
信念、指引、光亮、力量、風雨、堅守、穩定、希望、方向、安全。

T037

圖像說明：
向要開走公車上的人揮別。

可能象徵意涵：
❶被封閉的秘密 ❷突破困境的關鍵
❸遺忘的可能

引導詞彙建議：
隱藏、封閉、開啟、鑰匙、解答、秘密、過去、探索、障礙、機會。

T038

圖像說明：
雨中的彩虹美麗地面向天空。

可能象徵意涵：
❶堅持 ❷希望 ❸不被環境擊倒

引導詞彙建議：
堅強、希望、信念、逆境、雨過天晴、韌性、成長、執著、抗壓、光明。

T039

圖像說明：

太陽在山頂，仰望天空，背景是廣闊藍天和雲朵。

可能象徵意涵：

❶成就 ❷釋放壓力 ❸自我肯定 ❹自由感

引導詞彙建議：

自由、成功、突破、高峰、釋放、壯觀、孤單、自信、喜悅、克服。

T040

圖像說明：

路的盡頭就是牆壁。

可能象徵意涵：

❶掙脫束縛 ❷痛苦與轉變 ❸困境中的成長

引導詞彙建議：

掙扎、脫困、重生、脆弱、努力、受傷、轉變、限制、希望、突破。

T041

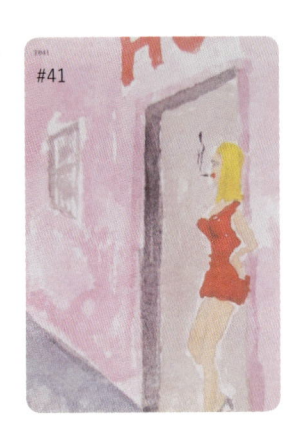

圖像說明：
一位女性站在門口，面對道路延伸不同方向。

可能象徵意涵：
❶抉擇 ❷生命轉折 ❸猶豫不決 ❹尋找方向

引導詞彙建議：
選擇、迷惘、分岔、改變、抉擇、猶豫、方向、勇氣、命運、旅程。

T042

圖像說明：
禮物上面有金色光的標誌。

可能象徵意涵：
❶內省 ❷知識吸收 ❸安定與靜心

引導詞彙建議：
平靜、智慧、學習、沈思、內在、溫暖、自我探索、穩定、集中、閱讀。

T043

圖像説明：
兩個人物背對觀者，站在一起面向海或湖面，背景是水平線與天空。左邊人物穿藍色衣服，右邊人物穿綠色衣服。整體畫風溫和、柔和、有水彩質感。

可能象徵意涵：
❶親密 ❷陪伴 ❸友情
❹伴侶或家人的關係

引導詞彙建議：
內省、沉澱、或經歷某種情感過程。

T044

圖像説明：
十字路口的紅綠燈。

可能象徵意涵：
❶生命選擇的關卡 ❷孤獨的決定

引導詞彙建議：
選擇、迷惘、決定、路口、方向、孤獨、自主、轉折、內在聲音、未來。

T045

圖像說明：
小孩子在公園裡溜滑梯和盪鞦韆玩耍。

可能象徵意涵：
❶創造力 ❷自由表達 ❸內在孩童

引導詞彙建議：
創意、自由、表達、玩耍、內在小孩、想像、天真、繪畫、自我、快樂。

T046

圖像說明：
一張痛苦的面具。

可能象徵意涵：
❶卸下面具 ❷揭露真相 ❸自我揭示

引導詞彙建議：
真實、偽裝、面具、自我、揭示、保護、脫落、揭露、誠實、脆弱。

T047
圖像說明：
壯士斷腕。

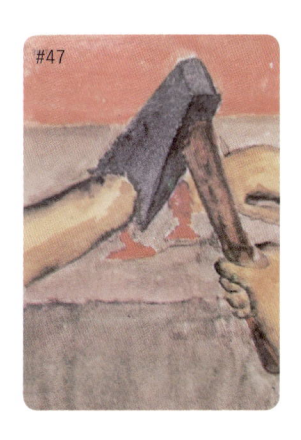

可能象徵意涵：
❶創造力 ❷專注力 ❸表達內心世界

引導詞彙建議：
創造、表達、專注、藝術、流動、內在。

T048
圖像說明：
茂密的樹林。

可能象徵意涵：
❶韌性 ❷在逆境中生存 ❸堅持的力量

引導詞彙建議：
韌性、堅持、挑戰、成長、困難、努力、不放棄、生機、毅力、生命力。

T049

圖像說明：
大人與小孩的溝通。

可能象徵意涵：
❶豐盛 ❷分享 ❸自然的和諧

引導詞彙建議：
豐收、和諧、分享、自然、滿足、成長、滋養、喜悅、家庭、安全。

T050

圖像說明：
一條柔軟的繩子。

可能象徵意涵：
❶解答 ❷突破 ❸打開新門的契機

引導詞彙建議：
解鎖、轉機、關鍵、轉變、突破、選擇、希望、啟動、機會、解答。

T051

圖像説明：
一條蛇。

可能象徵意涵：
❶危險 ❷誘惑 ❸潛藏的力量

引導詞彙建議：
本能、誘惑、警覺、轉化、直覺、危險、重生、試探、潛能、防衛。

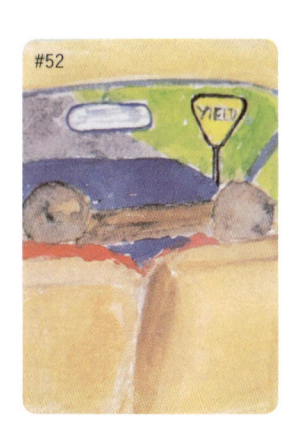

T052

圖像説明：
兩個人同時坐著。

可能象徵意涵：
❶情感隔閡 ❷無法真正連結 ❸防備心理

引導詞彙建議：
距離、隔閡、關係、阻礙、防禦、渴望、連結、沉默、誤解、孤單。

T053

圖像說明：
美麗的大自然有花和樹。

可能象徵意涵：
❶堅持 ❷希望 ❸不被環境擊倒

引導詞彙建議：
堅強、希望、信念、逆境、雨過天晴、韌性、成長、執著、抗壓、光明。

T054

圖像說明：
一張鬼臉。

可能象徵意涵：
❶寂寞 ❷生命凋零 ❸等待重生

引導詞彙建議：
枯竭、靜止、冬季、哀傷、休眠、孤獨、蛻變、寂寞、時間、希望。

T055

圖像說明：
旁觀。

可能象徵意涵：
❶情感隔閡 ❷無法真正連結 ❸防備心理

引導詞彙建議：
距離、隔閡、關係、阻礙、防禦、渴望、連結、沉默、誤解、孤單。

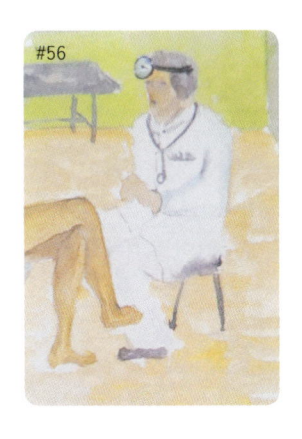

T056

圖像說明：
一個人蜷縮在角落，醫生在治療。

可能象徵意涵：
❶疼痛 ❷脆弱 ❸需要保護或療癒的時刻

引導詞彙建議：
傷心、害怕、脆弱、保護、內在小孩、悲傷、退縮、孤獨、創傷、修復。

T057
圖像說明：
男性器官。

可能象徵意涵：
❶解放 ❷突破束縛 ❸追求自由

引導詞彙建議：
自由、釋放、突破、飛翔、選擇、轉變、希望、新生、脫困、勇氣。

T058
圖像說明：
背後有人拿刀。

可能象徵意涵：
❶緊抓不放 ❷努力堅持 ❸痛苦中的掙扎

引導詞彙建議：
堅持、放手、執著、壓力、掌控、緊張、不放棄、抓住、糾結、承受。

T059

圖像說明：
兩個人在跑道上奔跑。

可能象徵意涵：
❶在不確定中前進 ❷純真的力量

引導詞彙建議：
勇氣、希望、純真、探索、黑暗、信任、光明、引導、夢想、前行。

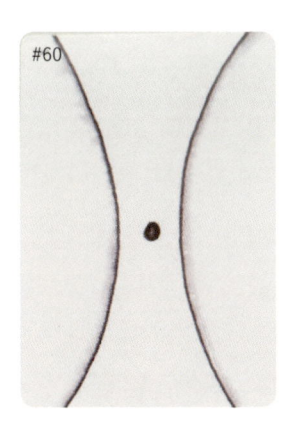

T060

圖像說明：
在彎曲森林小徑上，有一個黑色的點。

可能象徵意涵：
❶旅程 ❷迷惘 ❸尋找方向 ❹自我探索

引導詞彙建議：
旅程、迷路、探索、轉變、孤單、尋找、成長、不確定、呼喚、意義。

T061
圖像說明：
浴室。

可能象徵意涵：
❶安全感 ❷溫暖 ❸放鬆與歲月的沉澱

引導詞彙建議：
休息、安適、歲月、放鬆、寧靜、家、陪伴、溫暖、舒適、滿足。

T062
圖像說明：
一個人向前招手的姿態。

可能象徵意涵：
❶預備啓程 ❷計劃未來

引導詞彙建議：
計畫、探索、目標、前進、選擇、準備、啓程、定位、方向、行動。

T063

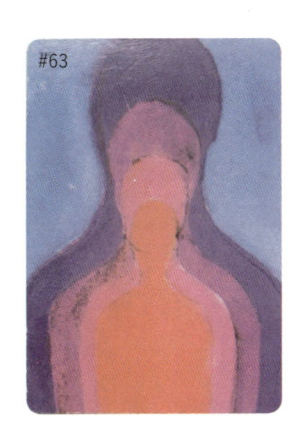

圖像說明：
一層層的紅色人形姿態。

可能象徵意涵：
❶孤單 ❷尋求安全感
❸脆弱情緒 ❹內在小孩

引導詞彙建議：
孤獨、依附、脆弱、懷念、安慰、悲傷、童年、保護、避開、退縮。

T064

圖像說明：
倒水到杯子。

可能象徵意涵：
❶蛻變 ❷新生的可能性 ❸脆弱與重生並存

引導詞彙建議：
蛻變、重生、希望、破殼、新開始、敏感、轉化、夢想、誕生、驚奇。

T065

圖像說明：
手拿著筆，寫信平放在桌上。

可能象徵意涵：
❶傳遞情感　❷內在心聲
❸過去的記憶　❹真誠表達

引導詞彙建議：
表達、思念、告白、回憶、誠意、真實、溝通、書寫、內在、過去。

T066

圖像說明：
學生在圖書館看書。

可能象徵意涵：
❶純真中的勇氣　❷希望之光

引導詞彙建議：
光亮、純真、希望、黑暗、點燃、力量、孩子、信任、照亮、勇敢。

T067

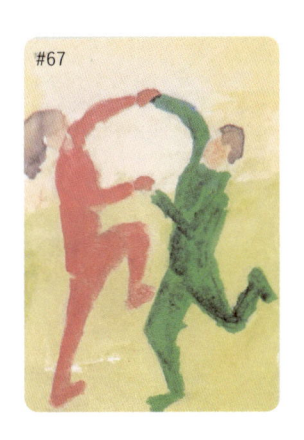

圖像說明：
兩人共舞。

可能象徵意涵：
❶展現自我 ❷自由表達 ❸追求夢想。

引導詞彙建議：
自由、展現、美、夢想、勇氣、光芒、流動、自信、表達、創造。

T068

圖像說明：
一個人縮在牆壁角落。

可能象徵意涵：
❶建設 ❷自我努力 ❸脆弱中的穩定

引導詞彙建議：
積累、目標、專注、耐心、脆弱、建構、規劃、發展、持續、穩健。

T069

圖像說明：
兩人同站。

可能象徵意涵：
❶忠誠 ❷期待 ❸陪伴 ❹愛的等待

引導詞彙建議：
忠誠、等待、思念、希望、守候、陪伴、無聲的愛、安全感、單純、關係。

T070

圖像說明：
農夫在播種。

可能象徵意涵：
❶放手 ❷願望釋出 ❸與命運共舞

引導詞彙建議：
放手、願望、自由、流動、轉變、希望、輕盈、信任、祝福、起飛。

T071

圖像說明：
在深海裡潛水。

可能象徵意涵：
❶求助 ❷重生的渴望 ❸困境中的希望

引導詞彙建議：
求救、掙脫、重生、希望、伸出手、絕望、突破、拯救、轉變、支持。

T072

圖像說明：
護士。

可能象徵意涵：
❶好奇心 ❷害怕被看見 ❸保護自己

引導詞彙建議：
偷看、觀察、害羞、隱藏、界線、童年、害怕、期待、角色、防禦。

T073

圖像說明：

黑夜裡的月亮和星光。

可能象徵意涵：

❶渴望 ❷孤單 ❸等待希望到來

引導詞彙建議：

渴望、孤單、寒冷、純真、盼望、希望、寂寞、夢想、季節、觀察。

T074

圖像說明：

餐桌。

可能象徵意涵：

❶安全感 ❷溫暖 ❸放鬆與歲月的沉澱

引導詞彙建議：

休息、安適、歲月、放鬆、寧靜、家、陪伴、溫暖、舒適、滿足。

T075

圖像說明：
兩個人背離往不同的方向。

可能象徵意涵：
❶ 被遺忘的過去 ❷內在創傷 ❸回憶

引導詞彙建議：
遺忘、破碎、過去、孤寂、傷痕、時間、記憶、荒涼、放下、重建。

T076

圖像說明：
暖爐中的火焰。

可能象徵意涵：
❶ 自我反思 ❷內在矛盾 ❸真實與面具

引導詞彙建議：
反省、自我、誠實、懷疑、內觀、對話、認同、面具、真相、探索。

T077

圖像說明：
兩人互相擁抱。

可能象徵意涵：
❶忠誠 ❷期待 ❸陪伴 ❹愛的等待

引導詞彙建議：
忠誠、等待、思念、希望、守候、陪伴、無聲的愛、安全感、單純、關係。

T078

圖像說明：
一隻正在爬行的烏龜。

可能象徵意涵：
❶新生 ❷突破限制 ❸成長的開始 ❹脆弱中帶希望

引導詞彙建議：
新生、脆弱、希望、突破、開始、勇氣、改變、潛能、學習、重生。

T079

圖像說明：
兩個人面對著講師。

可能象徵意涵：
❶ 機警 ❷防備 ❸保護自己

引導詞彙建議：
狡猾、觀察、防備、聰明、隱藏、策略、靜候、謹慎、本能、洞察。

T080

圖像說明：
一位大人與小孩手牽手走在林間小徑。

可能象徵意涵：
❶ 世代連結 ❷經驗傳承 ❸陪伴與愛

引導詞彙建議：
傳承、親情、陪伴、溫暖、學習、引導、老去、純真、時間、守護。

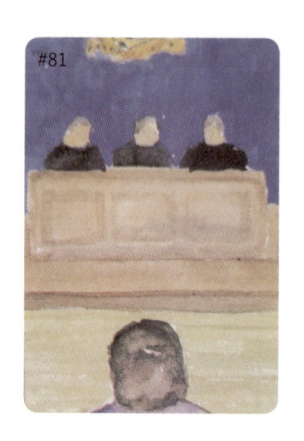

T081

圖像說明：
一個人面對著三個人。

可能象徵意涵：
❶ 機警 ❷防備 ❸保護自己

引導詞彙建議：
狡猾、觀察、防備、聰明、隱藏、策略、靜候、謹慎、本能、洞察。

T082

圖像說明：
手拿鏡子，背景模糊。

可能象徵意涵：
❶自我覺察 ❷內在對話
❸反思　　 ❹自我形象

引導詞彙建議：
內在、照見、自省、誠實、探索、自我懷疑、勇氣、評價、身份、關照。

T083

圖像說明：
用鏟子整理草坪。

可能象徵意涵：
❶ 對過往的回憶 ❷ 智慧的沈澱

引導詞彙建議：
回憶、年老、沉思、智慧、時間、孤單、歷史、靜默、觀照、生命歷程。

T084

圖像說明：
一位男士站在紅色光芒的前面。

可能象徵意涵：
❶ 回憶 ❷ 生命歷程 ❸ 懷舊 ❹ 人生智慧

引導詞彙建議：
回憶、感恩、懷舊、過去、智慧、時間、經驗、成長、流逝、溫柔。

T085
圖像說明：
人體器官。

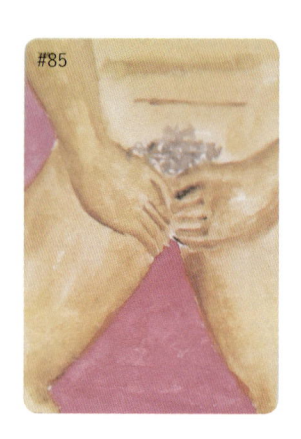

可能象徵意涵：
❶自我認同的破裂 ❷內在衝突

引導詞彙建議：
自我、碎裂、認同、反思、痛苦、變形、真相、誤解、破碎、修復。

T086
圖像說明：
手拿剪刀在剪裁。

可能象徵意涵：
❶ 中斷的連結 ❷風險 ❸不穩定的關係

引導詞彙建議：
危機、中斷、失聯、冒險、落差、破裂、不穩、挑戰、勇氣、重建。

T087

圖像說明：
一場暴風雨中的閃電。

可能象徵意涵：
❶指引 ❷堅定 ❸在混亂中保持信念

引導詞彙建議：
信念、指引、光亮、力量、風雨、堅守、穩定、希望、方向、安全。

T088

圖像說明：
一個小丑的笑臉，充滿童趣與好奇。

可能象徵意涵：
❶ 純真 ❷探索慾 ❸與自然連結
❹短暫的美好

引導詞彙建議：
好奇、純真、接觸、渴望、轉變、脆弱、希望、童年、當下、奇蹟。

這張 OH 卡圖卡（T043）如何自我探索引導問題：

圖像說明：
兩個人物背對觀者，站在一起面向海或湖面，背景是水平線與天空。左邊人物穿藍色衣服，右邊人物穿綠色衣服。整體畫風溫和、柔和、有水彩質感。

可能象徵意涵：
內省、沉澱、或經歷某種情感過程。

關係與連結：
兩人肩並肩站著，可能象徵親密、陪伴、友情、伴侶或家人的關係。

共同面對未來：
兩人一起望向前方（看不見的遠方或大自然），可能象徵一起面對某些挑戰、未來、希望或未知。

沉靜與反思：
畫面寧靜，色彩偏冷，可能象徵內省、沉澱、或經歷某種情感過程。

❓ 自我探索引導問題：

1. 這兩個人之間是什麼樣的關係？你聯想到誰？

2. 如果你是其中一人，你會對對方說什麼？你想從對方那裡聽到什麼？

3. 你們正在看向什麼？那個方向代表了什麼？

4. 這張圖讓你想起人生中哪段經歷？當時的你是什麼感覺？

　　如果你有字卡，也可以加上字卡來形成新的象徵。例如字卡是「喜悅」、「付出」、「希望」等，就會給圖卡帶來完全不同的解釋層次。

OH 卡使用範例

自我的對話玩法

各抽出一張卡組合，可以先針對字卡、圖卡去聯想近期發生的事件和情緒。

一組卡自我對話
恐懼的來源是因為你覺得被別人傷害了！

所有的規則都是可以變化的，接下來抽出三組卡，可按照每一組卡所賦予的意義來進行。

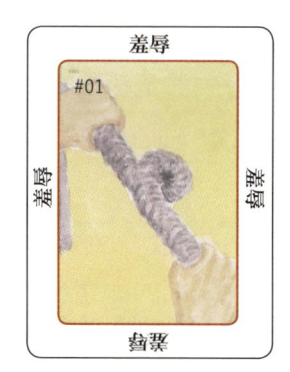

三組卡自我對話
你的幻想是要過著理想生活，高我告訴你，是必須要陪伴家人的，不要感到羞辱，而是在生活上要努力去做到。

每一張圖卡都能夠給我們訊息，可以作為每天的提醒，或是將它寫下來。

提供 OH 卡圖卡之圖像說明與引導詞彙建議

▎OH 牌陣的 12 個推薦用法

我們可以一起理出故事的情節，從它的主題或它的訊息，試著發現在故事當中所透露出來的主要克服模式。提供在運用 OH 卡時，記錄下來解決問題的方式。

I 突破

要學習如何當個溫暖的母親？

OH 卡的引導，家庭裡不要有壓力，只要能夠聰明的去做就可以心想事成！這樣的陪伴家人就是妳的愛。

我問：如何才是聰明呢？
高我說：要擁抱而不要敵對。
要如何才能將自己有限的瓶頸突破？
即是敞開心胸，放下執念，清空僵持性之思維模式。

讓愛的能量流進自己的內心，遠離閉塞的心理作用。心之自由度，才能自然呈現，心境決定一種生命境界，都是在啓迪自己內在的根本力量。

在生活上可以帶給我們的好處

能夠仔細的觀察和感受。
能夠眞誠的交流，關愛創造交流。

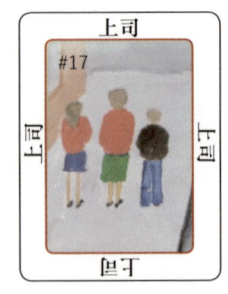

T008

圖像說明：
手握訊息卡。

可能象徵意涵：
❶自我創造 ❷內在投射 ❸身份探索

引導詞彙建議：
自我、創造、表達、繪畫、真實、自我形象、內在、身分、創意、展現。

T042

圖像說明：
禮物上面有金色光的標誌。

可能象徵意涵：
❶內省 ❷知識吸收 ❸安定與靜心

引導詞彙建議：
平靜、智慧、學習、沈思、內在、溫暖、自我探索、穩定、集中、閱讀。

T017

圖像說明：
三人同站。

可能象徵意涵：
❶陪伴中的寧靜 ❷忠誠與內在平靜

引導詞彙建議：
陪伴、忠誠、安靜、自我、靜心、感恩、片刻、療癒、平靜、連結。

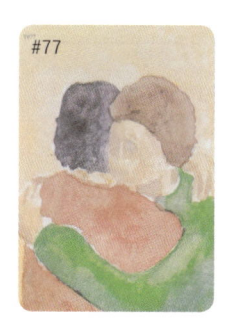

T077

圖像說明：
兩人互相擁抱。

可能象徵意涵：
❶忠誠 ❷期待 ❸陪伴 ❹愛的等待

引導詞彙建議：
忠誠、等待、思念、希望、守候、陪伴、無聲的愛、安全感、單純、關係。

提供 OH 卡圖卡之圖像說明與引導詞彙建議

II 放下才能快樂

有一位年輕人來到一座寺廟，向一位高僧請教，為什麼我每天付出很多，工作很累，但我取得的成績卻微乎其微，少得可憐？高僧說：握緊你的拳頭，告訴我什麼感覺？年輕人握緊拳頭說：有些累。高僧再問他：試著多用些力。年輕人說：更累了，有些承受不住。高僧說：那就徹底放開它。年輕人呼出一口氣說：現在我一下感覺輕鬆了。高僧告訴他：因為你一直握緊拳頭，越來越緊，越緊越累。對待工作只要學會放手，你就會輕鬆下來。現實生活中，如果對一件事情太在意，當達到一定限度就會感覺很累。如果學會放手，就會活得從容，活得輕鬆。

放下才能快樂，放下不是放棄，而是擁有一顆豁達的心，丟棄負面情緒，抱持陽光心態。只有放下心中的罣礙，才能事事無礙。我們要學會放下負面的想法，讓心平靜下來，雖然也會有壓力的在風雨中行走，踏實地過好當下的日子，讓美好的未來順理成章，水到渠成。

要如何積極的生活而能放下憎恨的心情呢？

OH 卡的引導，學習放下不喜歡的情緒，而願意與家人共舞。守護神提醒，不要讓彼此之間敵對，要坦誠的溝通互動，並且不要有受害者的心態，不要冷漠的回應像是個陌生人，這樣就可以讓生活過得愈來愈好。只要願意分享，就不會造成身心的失衡，破壞了家庭的和諧。

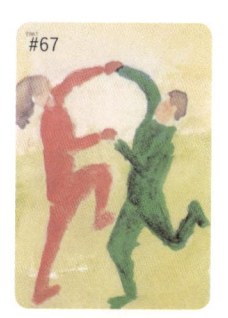

T067
圖像說明：
兩人共舞。

可能象徵意涵：
❶展現自我 ❷自由表達 ❸追求夢想

引導詞彙建議：
自由、展現、美、夢想、勇氣、光芒、流動、自信、表達、創造。

T058
圖像說明：
背後有人拿刀。

可能象徵意涵：
❶緊抓不放 ❷努力堅持 ❸痛苦中的掙扎

引導詞彙建議：
堅持、放手、執著、壓力、掌控、緊張、不放棄、抓住、糾結、承受。

T002
圖像說明：
一個穿著披風和帽子的人物，背對觀者站在紅色背景前，右手高舉著一顆閃亮的光球，身體姿態顯得堅定有力。

可能象徵意涵：
❶勇氣與領導 ❷啟示或發現
❸點亮前路 ❹成為他人的指引者

引導詞彙建議：
光明、勇氣、領導、自信、探索、啟發、力量、照亮、指引、突破。

T019
圖像說明：
家中的臥床。

可能象徵意涵：
❶安全感 ❷溫暖 ❸放鬆與歲月的沉澱

引導詞彙建議：
休息、安適、歲月、放鬆、寧靜、家、陪伴、溫暖、舒適、滿足。

III轉換思維

透過潛能開發的學習，用OH卡來認識自己的內在，我們才能夠消除深層的情緒與習性，提高專注力，獲得正確的認知，進而活出更健康、幸福、自由和更有智慧的豐盛人生。

當你付出愛心而又不感到壓抑的時候，你就學會寬恕。你能原諒別人，也能原諒自己，你會開始用平靜的心來看待一切事物，同時將內疚與憤怒一掃而空，寬恕是一種愛的行動。

為什麼兩個人在一起作伴，還是會有孤獨的感覺呢？

OH卡的引導，放開所有的計較，就可以心想事成！能夠有許多的方法可以解決問題，而不會讓情緒躲藏起來，對夫妻未來的生活而感到恐懼。記住，家庭的生活一定要有喜悅的笑容，才能增進彼此的感情，強迫自己一定要有正能量，像是太陽一樣發光。

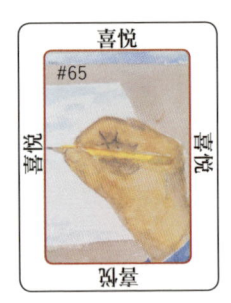

| 放開 #42 | 恐懼 #05 | 強迫 #39 | 喜悅 #65 |

T042

圖像說明：
禮物上面有金色光的標誌。

可能象徵意涵：
❶內省 ❷知識吸收 ❸安定與靜心

引導詞彙建議：
平靜、智慧、學習、沈思、內在、溫暖、自我探索、穩定、集中、閱讀。

T005

圖像說明：
大樹下有兩人坐著交談，周圍是溫暖陽光。

可能象徵意涵：
❶支持 ❷親密關係 ❸傾聽與理解 ❹安全感

引導詞彙建議：
陪伴、傾聽、支持、分享、溫暖、連結、信任、安定、友情、理解。

T039

圖像說明：
太陽在山頂，仰望天空，背景是廣闊藍天和雲朵。

可能象徵意涵：
❶成就 ❷釋放壓力 ❸自我肯定 ❹自由感

引導詞彙建議：
自由、成功、突破、高峰、釋放、壯觀、孤單、自信、喜悅、克服。

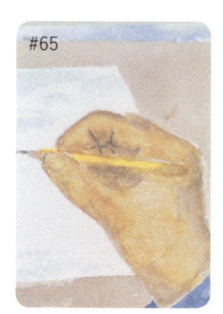

T065

圖像說明：
手拿著筆，寫信平放在桌上。

可能象徵意涵：
❶傳遞情感 ❷內在心聲 ❸過去的記憶 ❹真誠表達

引導詞彙建議：
表達、思念、告白、回憶、誠意、真實、溝通、書寫、內在、過去。

提供 OH 卡圖卡之圖像說明與引導詞彙建議

IV 付出愛的人

應該永遠把愛的對象視為獨立的個體,永遠尊重對方的獨立和成長。很多人無法做到這一點,就會導致身心的痛苦,不能接受所愛之人的獨立性,就會給親情和愛情帶來危害。驕傲會阻礙付出愛的實行,驕傲是一種自大、自私、自尊心的顯示,使你遠離喜悅、智慧、和愛。你必須超越自我找到你最喜歡的自己模樣。

如何整理哀傷的情緒呢?

OH 卡的引導,重要的想法,他是家人而不是陌生人,如果一直固執己見,就會偏離了人生的軌道,看不清楚前進的方向,要學會依賴對方,去看對方的優點,養成這樣的好習慣,你就會心想事成!並且一步一步的走向成功之路,就可以避開冰冷的環境,這是個聰明的方法。

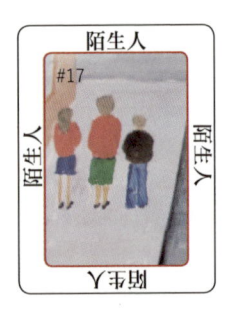

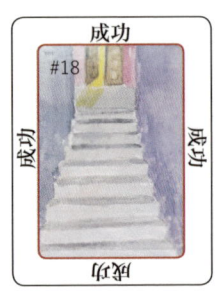

T017

圖像說明：
三人同站。

可能象徵意涵：
❶陪伴中的寧靜 ❷忠誠與內在平靜

引導詞彙建議：
陪伴、忠誠、安靜、自我、靜心、感恩、片刻、療癒、平靜、連結。

T018

圖像說明：
一層層灰色階梯。

可能象徵意涵：
❶時間的靜止 ❷靜謐的等待
❸宇宙與神祕

引導詞彙建議：
時間、停滯、夢境、神祕、靜止、沉澱、等待、宇宙、時刻。

T054

圖像說明：
一張鬼臉。

可能象徵意涵：
❶寂寞 ❷生命凋零 ❸等待重生

引導詞彙建議：
枯竭、靜止、冬季、哀傷、休眠、孤獨、蛻變、寂寞、時間、希望。

T042

圖像說明：
禮物上面有金色光的標誌。

可能象徵意涵：
❶內省 ❷知識吸收 ❸安定與靜心

引導詞彙建議：
平靜、智慧、學習、沈思、內在、溫暖、自我探索、穩定、集中、閱讀。

提供 OH 卡圖卡之圖像說明與引導詞彙建議

V 愛的存款

愛保持常滿很重要，就好像是汽油對汽車一樣，如果帶著哀傷的情緒，心情沈重是無法前進的，當愛的存款塡滿的時候，肯定的語言、陪伴的時刻、精心的禮物、服務的行動、身體的接觸，人際關係才能發展。

別讓沮喪和憂慮妨礙你的成長，沮喪是一種失敗的觀念，趕緊將它轉移，調整你的焦慮情緒，重新改變你的價值判斷。記住，要有信心，要抱有希望。

為什麼夫妻之間相處如同陌生人的時候，就會開始出現考驗呢？

OH 卡的引導，因爲彼此之間的對立，會造成孤獨的感覺和沈重的心情，哀傷低落的情緒影響自己身心的健康，在人生的跑道上就會遇到危險，若是想要達到成功，就要避免許多生活中的小麻煩，凡事能夠退省，夫妻同心就可以齊力斷金。

| 孤獨 #81 | 哀傷 #56 | 危險 #59 | 退省 #30 |

T081

圖像說明：
一個人面對著三個人。

可能象徵意涵：
❶ 機警 ❷防備 ❸保護自己

引導詞彙建議：
狡猾、觀察、防備、聰明、隱藏、策略、靜候、謹慎、本能、洞察。

T056

圖像說明：
一個人蜷縮在角落，醫生在治療。

可能象徵意涵：
❶疼痛 ❷脆弱
❸需要保護或療癒的時刻

引導詞彙建議：
傷心、害怕、脆弱、保護、內在小孩、悲傷、退縮、孤獨、創傷、修復。

T059

圖像說明：
兩個人在跑道上奔跑。

可能象徵意涵：
❶在不確定中前進 ❷純真的力量

引導詞彙建議：
勇氣、希望、純真、探索、黑暗、信任、光明、引導、夢想、前行。

T030

圖像說明：
兩人握手，背景模糊但有陽光穿透。

可能象徵意涵：
❶和解 ❷合作 ❸信任的建立

引導詞彙建議：
合作、理解、信任、關係、連結、溝通、同意、重建、支持、和平。

VI 尊重

我們愛某個人，一定會自願關注對方，進而幫助對方成長，真正以愛為出發點的人，總是致力於自我完善，讓自己具備起碼的道德和智慧，因為他們深知自己肩負責任，愛使得他們勇氣倍增，敢於面對任何考驗，所有的愛都離不開自律，真正懂得愛的人，必然懂得自我約束，以促進心智的成熟。

什麼才是聰明的家庭生活？

OH 卡的引導，只要能夠避免錯誤，人生的道路就可以通行無阻了！應該學習同理心，遇到事情不要對立，因為這樣會讓自己變得倔強又有焦慮的情緒。家庭生活不是講道理的辦公室，不要弄巧成拙，也不要冷漠的像是對待陌生人，這是一種成長的經驗，作為一個女人，妳要和伴侶快樂共舞。

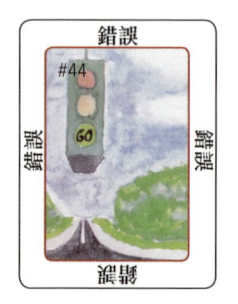

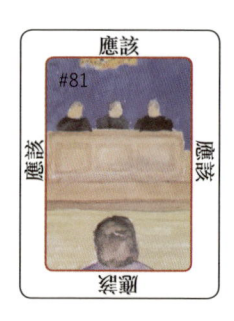

T044
圖像說明：
十字路口的紅綠燈。

可能象徵意涵：
❶生命選擇的關卡 ❷孤獨的決定

引導詞彙建議：
選擇、迷惘、決定、路口、方向、孤獨、自主、轉折、內在聲音、未來。

T032
圖像說明：
辦公桌。

可能象徵意涵：
❶智慧 ❷歲月的歷練 ❸回顧人生

引導詞彙建議：
沉思、回顧、智慧、老年、時間、經驗、記憶、等待、沉澱、歷史。

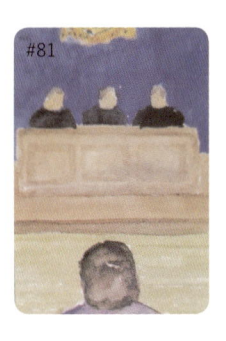

T081
圖像說明：
一個人面對著三個人。

可能象徵意涵：
❶ 機警 ❷防備 ❸保護自己

引導詞彙建議：
狡猾、觀察、防備、聰明、隱藏、策略、靜候、謹慎、本能、洞察。

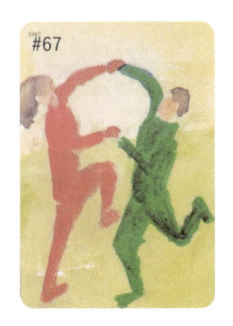

T067
圖像說明：
兩人共舞。

可能象徵意涵：
❶展現自我 ❷自由表達 ❸追求夢想。

引導詞彙建議：
自由、展現、美、夢想、勇氣、光芒、流動、自信、表達、創造。

Ⅶ愛的目的

不是得到你想要的，而是爲了你所愛之人做些什麼。愛不是感覺，是實際行動，是眞正的付出，是全身心的投入和奉獻，需要去付出全部的力量，那就是智慧。

夫妻要恩愛的牽著手，還要怎麼做才是好方法？

OH 卡的引導，夫妻相處的智慧，彼此敵對就會遇到考驗，沒有堅定的感情就會遇到暴風雨，疲憊的生活方式會讓彼此沒有能量，若只是旁觀而沒有參與對方的活動，內心會感到恐懼，感情是要有愛心培養的，不是像在辦公室講道理讓人有壓力的。

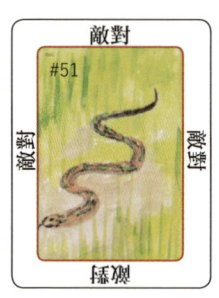

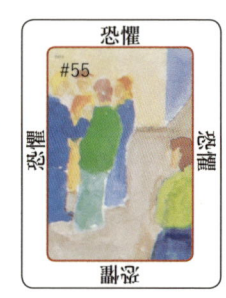

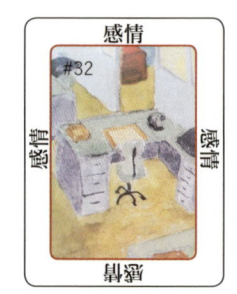

T030

圖像說明：
兩人握手，背景模糊但有陽光穿透。

可能象徵意涵：
❶和解 ❷合作 ❸信任的建立

引導詞彙建議：
合作、理解、信任、關係、連結、溝通、同意、重建、支持、和平。

T051

圖像說明：
一條蛇。

可能象徵意涵：
❶危險 ❷誘惑 ❸潛藏的力量

引導詞彙建議：
本能、誘惑、警覺、轉化、直覺、危險、重生、試探、潛能、防衛。

T055

圖像說明：
旁觀。

可能象徵意涵：
❶情感隔閡 ❷無法真正連結 ❸防備心理

引導詞彙建議：
距離、隔閡、關係、阻礙、防禦、渴望、連結、沉默、誤解、孤單。

T032

圖像說明：
辦公桌。

可能象徵意涵：
❶智慧 ❷歲月的歷練 ❸回顧人生

引導詞彙建議：
沉思、回顧、智慧、老年、時間、經驗、記憶、等待、沉澱、歷史。

Ⅷ改變

發生矛盾的時候坦誠相待，不好的事情就會遠離，彩虹就會來臨，不要因為彼此生氣了，而不去溝通協調，固執的做自己。夫妻生活誰離開誰都可以活下去，但要清楚誰要擁有了誰才會更幸福，所以請珍惜你愛的他吧！愛情只有相互欣賞、相互依偎、相互關愛、相互信賴、專心如一的生活才是最幸福的！

要怎樣才可以戰勝困境呢？

OH卡的引導，先要學會做個遊戲人生的專家，改變低落的心情和伴侶快樂共舞，要做到可以誇讚的陪伴，能夠這樣去做，你就擁有宇宙能量。你要有信心地拉住伴侶的手，不要覺得丟臉而難過。

T045

圖像說明：
小孩子在公園裡溜滑梯和盪鞦韆玩耍。

可能象徵意涵：
❶創造力 ❷自由表達 ❸內在孩童

引導詞彙建議：
創意、自由、表達、玩耍、內在小孩、想像、天真、繪畫、自我、快樂。

T014

圖像説明：
被旋轉的水流包圍。

可能象徵意涵：
❶愛的堅持 ❷柔中帶剛
❸情感的穩定

引導詞彙建議：
穩定、愛、包容、堅持、柔軟、情感、滋養、支持、流動、內斂。

T043

圖像説明：
兩個人物背對觀者，站在一起面向海或湖面，背景是水平線與天空。左邊人物穿藍色衣服，右邊人物穿綠色衣服。整體畫風溫和、柔和、有水彩質感。

可能象徵意涵：
❶親密 ❷陪伴 ❸友情
❹伴侶或家人的關係

引導詞彙建議：
內省、沉澱、或經歷某種情感過程。

T030

圖像説明：
兩人握手，背景模糊但有陽光穿透。

可能象徵意涵：
❶和解 ❷合作 ❸信任的建立

引導詞彙建議：
合作、理解、信任、關係、連結、溝通、同意、重建、支持、和平。

IX愛是恩慈

是不再對你的配偶說出負面的話語,學習出其不意地做出一個親密舉動,可以向她表達愛意,做一個溫暖的人。

如何做個有能量的好男人而不犯錯誤呢?

OH 卡的引導,一定要敲醒你使你聰明,否則遇到的羞辱是波折不斷的,和家人一起共進晚餐就可以突破,這個時刻是很奇妙的事。不要獨自醜陋的享受休閒,做為父親要更加努力的積極生活,不要破壞了父親的形象。作為優秀的男性,對生活要有幻想,因為時間有限機會難得,只要放對了姿態,許多的方法就會出現。

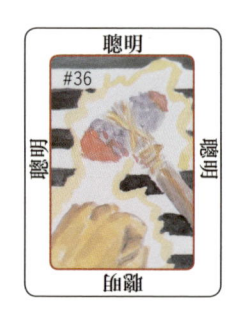

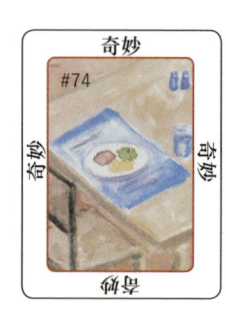

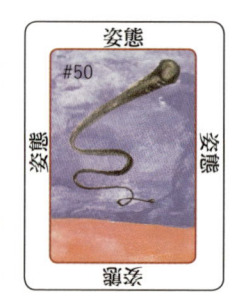

T036

圖像說明:
用榔頭敲擊。

可能象徵意涵:
❶指引 ❷堅定 ❸在混亂中保持信念。

引導詞彙建議:
信念、指引、光亮、力量、風雨、堅守、穩定、希望、方向、安全。

T001

圖像說明：
畫面中有兩隻手各握住一根彎曲的灰色物體，看起來像是羊角或粗繩，兩手互相拉扯的樣子。背景為黃色，整體畫面有緊張與對抗的氛圍。

可能象徵意涵：
❶力量的較勁
❷對立與衝突
❸互相牽制或互不相讓
❹合作與競爭之間的拉鋸

引導詞彙建議：
對抗、拉扯、堅持、緊張、力量、平衡、衝突、界線、較量、合作困難。

T074

圖像說明：
餐桌。

可能象徵意涵：
❶安全感 ❷溫暖
❸放鬆與歲月的沉澱

引導詞彙建議：
休息、安適、歲月、放鬆、寧靜、家、陪伴、溫暖、舒適、滿足。

T050

圖像說明：
一條柔軟的繩子。

可能象徵意涵：
❶解答 ❷突破
❸打開新門的契機

引導詞彙建議：
解鎖、轉機、關鍵、轉變、突破、選擇、希望、啟動、機會、解答。

提供 OH 卡圖卡之圖像說明與引導詞彙建議

X 愛的禮物

面對過去難過的經歷，只是讓妳更清楚，要珍惜的牽好家人的手，因為他們是妳甜蜜的負擔。心情上有壓力時，做擴胸、深呼吸運動、曬太陽就可以改善，不要獨自煩惱，而是要積極的帶領家人快樂的生活！

若是妳能確實去做，心情就不會很混亂，而感到力不從心。

妳需要放鬆大喊一下，或唱歌緩解壓力，糾結的情緒就像氣候一樣，總是會過去，也可以安排去旅遊，只要願意去做愛的表達，就可以解決問題。

如何能夠化腐朽為神奇，就可以身心與物質同時豐盛？

OH 卡的引導，夫妻要同心合作，彼此不要做虧欠的事情，要彼此和諧歡笑的過日子，不要憎惡身邊的男子漢，能夠依賴的讓他牽著手是妳的夢想，這些都是可以誇讚的事，才不會讓能量跌到谷底，應該這樣做就會像小鳥一樣的開心。

T030

圖像說明：
兩人握手，背景模糊但有陽光穿透。

可能象徵意涵：
❶和解 ❷合作 ❸信任的建立

引導詞彙建議：
合作、理解、信任、關係、連結、溝通、同意、重建、支持、和平。

T080

圖像說明：
一位大人與小孩手牽手走在林間小徑。

可能象徵意涵：
❶ 世代連結 ❷經驗傳承 ❸陪伴與愛

引導詞彙建議：
傳承、親情、陪伴、溫暖、學習、引導、老去、純真、時間、守護。

T054

圖像說明：
一張鬼臉。

可能象徵意涵：
❶寂寞 ❷生命凋零 ❸等待重生

引導詞彙建議：
枯竭、靜止、冬季、哀傷、休眠、孤獨、蛻變、寂寞、時間、希望。

T029

圖像說明：
一隻白鴿展翅飛翔，背景是柔和的藍天和光芒。

可能象徵意涵：
❶和平 ❷希望 ❸自由 ❹純潔

引導詞彙建議：
希望、和平、純潔、願望、釋放、祈禱、平靜、飛翔、開始。

提供 OH 卡圖卡之圖像說明與引導詞彙建議

XI 愛是體貼

情緒是不能用控制的方式來處理，會不知不覺長期被自己的情緒所束縛，必須採取疏導的方式，才能真正的化解瞋心。學習從另一個角度看事情，轉變自己的情緒，以更積極的同理心、愛心來面對問題，擔心將來只會帶來痛苦和疾病，把握當下的美好時光，真實就是現在。

為什麼要趕快的整理好自己呢？

OH 卡的引導，因為愈早開始整理自己，並且不會有受害者的心態，就可以有積極的幻想，心裡沒有恐嚇而是在用心經營感情。不要覺得自己是奴隸，臉上就會帶有笑容，可以堅定的陪著伴侶，這樣去做是受眾人歡迎的成功。不要以為這是謊言就會讓自己覺得無力，應該用遊戲般的心情前進，就可以消除罪惡感的夫妻生活，這是有智慧的方法。

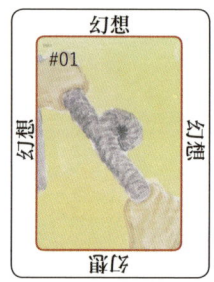

T088

圖像說明：
一個小丑的笑臉，充滿童趣與好奇。

可能象徵意涵：
❶ 純真 ❷ 探索慾 ❸ 與自然連結
❹ 短暫的美好

引導詞彙建議：
好奇、純真、接觸、渴望、轉變、脆弱、希望、童年、當下、奇蹟

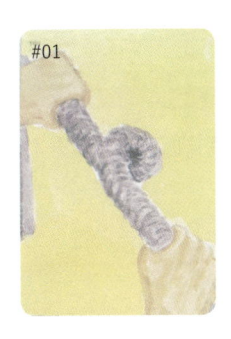

T001

圖像說明：
畫面中有兩隻手各握住一根彎曲的灰色物體，看起來像是羊角或粗繩，兩手互相拉扯的樣子。背景為黃色，整體畫面有緊張與對抗的氛圍。

可能象徵意涵：
❶力量的較勁
❷對立與衝突
❸互相牽制或互不相讓
❹合作與競爭之間的拉鋸

引導詞彙建議：
對抗、拉扯、堅持、緊張、力量、平衡、衝突、界線、較量、合作困難。

T006

圖像說明：
一群人圍著舉紅色旗桿。

可能象徵意涵：
❶歡樂 ❷連結 ❸純真
❹群體力量

引導詞彙建議：
連結、團體、歡樂、合作、純真、安全、陪伴、共享、無憂、活力。

T050

圖像說明：
一條柔軟的繩子。

可能象徵意涵：
❶解答 ❷突破
❸打開新門的契機

引導詞彙建議：
解鎖、轉機、關鍵、轉變、突破、選擇、希望、啟動、機會、解答。

提供 OH 卡圖卡之圖像說明與引導詞彙建議

XII 愛的本質

愛使我們願意接受自律，我們愛別人，也能夠幫助別人進步和完善。自我完善的愛，是一種典型的向善行為，具有生生不息的特徵，存在著一種永久而普遍的傳承，具有人性的愛，是一種永遠走向進步的神奇力量！

如果家庭不敵對了，會如何呢？

OH 卡的引導，不會因為憎恨的情緒就黑著臉，也因此不會和伴侶相處不融洽，讓家庭相處的氣氛溫暖與和諧。願意改變成長就不會去碰壁，能夠攫取並且通行無阻，可以成功的物質豐盛拿到錢哦！

人的心即是一個道場，如何運用此心，將心的力量發揮的更好，運用到家庭、生活和職場中，在思、言、行的法則裡，思一定是最先出現的，接著才成立了言和行，你確定相信了什麼，就決定了怎麼去做，相信愛就是一種信仰，自然就會被愛引導到一個正確的方向，讓身心能夠達到平衡與和諧。

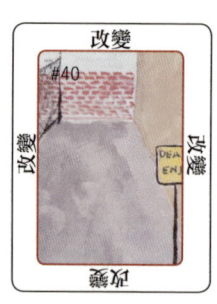

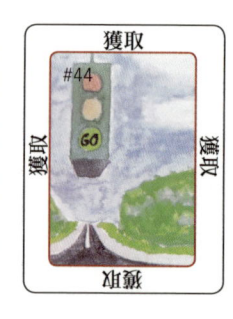

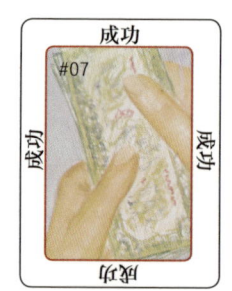

T010

圖像說明：
一位黑臉黃色眼神哀傷的人。

可能象徵意涵：
❶隱藏的情緒 ❷假面下的真實

引導詞彙建議：
面具、掩飾、孤單、演出、情緒、偽裝、脆弱、內心、表象、哀傷。

T040

圖像說明：
路的盡頭就是牆壁。

可能象徵意涵：
❶掙脫束縛 ❷痛苦與轉變
❸困境中的成長

引導詞彙建議：
掙扎、脫困、重生、脆弱、努力、受傷、轉變、限制、希望、突破。

T044

圖像說明：
十字路口的紅綠燈。

可能象徵意涵：
❶生命選擇的關卡 ❷孤獨的決定

引導詞彙建議：
選擇、迷惘、決定、路口、方向、孤獨、自主、轉折、內在聲音、未來。

T007

圖像說明：
錢。

可能象徵意涵：
❶接納生命 ❷自由與喜悅

引導詞彙建議：
喜悅、開放、自由、祝福、接納、自然、幸福、輕盈、生命、美好。

Chapter 7

OH 卡做潛能開發諮詢的 24 個案例解讀

一． 開發生命的快樂與意義
二． 婚姻可以不靠忍耐來維持
三． 信念創造實相
四． 我們所看到的是有限的
五． 說好話很重要
六． 重複問題的苦惱
七． 家中青少年情緒低落又壓抑
八． 乖孩子拒學轉打電競
九． 兒子覓職造成母子關係緊張
十． 銀髮女性跳脫婚姻枷鎖
十一． 離婚不是天塌下來
十二． 五個時間管理技巧
十三． 高齡母女的相處難題
十四． 職場支援咖操到爆累
十五． 夫妻相處中少點抱怨
十六． 孩子學習落後情緒低落
十七． 先生不爽就離職超任性
十八． 新工作堅持去做才會有希望
十九． 學習接納伴侶不完美
二十． 現代社會壓力大到受不了！
二十一． 遠距工作伴侶回巢不適應
二十二． 境由心轉
二十三． 關係修復同心圓
二十四． 蛻變成功

OH 卡如何協助處理壓力
OH 卡處理壓力的應用活動建議
OH 卡學理支持
生命覺醒
勇敢做獨一無二的你

一. 開發生命的快樂與意義

工作壓力影響人際關係善用人脈尋求資源解決

個案是位 40 出頭的漂亮女性，在企業工作有著專業的表現，目前在工作中發現另一個部門的女性主管會霸凌她的部屬，也開始在工作場所不尊重的直呼她的名字，讓她覺得有被傷害到並且很反感。另一方面想透過潛能開發訂立目標，因為最近有賺錢的欲望，希望能夠積極的結合資源共同合作。

透過 OH 卡翻牌瞭解，個案在幼年 4、5 歲的時候，父母因為工作忙碌經常不在身邊，若是在家母親也是會和父親吵架賭氣，影響了家庭氣氛。造成個案在生活中遇到壓力大的事情，在不知怎麼辦的時候，突然就會情緒失控，如：記得小學的時候，第二天要考不擅長的數學，就在當晚胃痙攣發作生病。在兩年前和男朋友吵架時，自己就去撞牆暈倒在地。

因此，在遇到人際關係的難題時，會直接反應很衝動地去處理，下意識的選擇用戰或是逃的狀態。鼓勵個案要學習善用團隊的合作，建立各種優秀的人脈，才是累積資源解決問題的最佳方法。

建議如下：

「正向心理學」為 Selingman 等人所提出的觀點，將正向情緒以時間軸來區分為三段：

> ❶ 「過去的正向情緒」，是指不管好與壞，過去的任何事情，都會影響到個體的現在和未來，若是能夠以愉悅、滿足、感恩的情緒來處理過往事件或回憶，就是帶領個體邁向正向心理的第一步。

❷ 「現在的正向情緒」，就是對於當下發生的事情所產生之主觀感受，例如：愉悅、快樂的情緒，都可以利用個體自我的調適和正面習性的建立來加以增進。

❸ 「未來的正向情緒」，則指的是樂觀、希望，這些是一種長久的自我積極解釋信念，也就是當個體遇到好事時，能將其解讀為持久的、一般的，而遇到壞事情時，則認為這是短暫的、特殊的，如此方能使個體對於未來充滿希望的去迎接人生的每一次挑戰。

　　在今日壓力、挫折、衝突與競爭激烈之下，使得個人的情緒很難維持愉快和穩定，甚至會將學校、職場和社區中產生的負向情緒帶回家裡，因而造成家人關係上的傷害。

OH 卡做潛能開發諮詢的 24 個案例解讀

二. 婚姻可以不靠忍耐來維持

家庭壓力長期累積不釋放卡惡性循環無法跳脫

前面這位 50 歲的清秀女士，非常疲憊的告訴我，在兩、三年前因為失眠有去看醫生治療，但仍是睡眠不足，造成情緒很不穩定，生活沒有動力！所以想透過潛能開發諮詢來探索自己的內在。

經過 OH 卡的翻牌，才瞭解個案已經結婚 20 多年，有兩個小孩，不管是在家庭裡的相處或是在工作中和先生的互動，經常會有不同的觀點而造成口角衝突。這樣敵對的相處，長此以往，累積的不滿，失望甚至怨懟，會讓兩人卡在惡性循環中無法跳脫。

從依附理論的角度來看，在不安或受到威脅時，跟伴侶的親近依賴，希望被保護支持，相信自己在對方心中是重要有價值的，以及求助時不會被拒絕和遺棄，都是家庭最重要的親密關係。一旦失望、不滿甚至怨恨，而產生拉扯抗拒的焦慮情緒，因此會有想要離婚的念頭。

建議如下：

卡在家庭的糾結漩渦裡循環，但卻不能有決心的改變去做付出，因為種種過去的經歷和不開心造成許多痛苦的創傷，而不甘心再為對方多做出努力，這是許多家庭都會面臨的問題。要如何才能挽回破碎的家庭，改善和諧的相處模式，應該是迫不容緩要積極處理的核心重點。

要如何去做呢？

要具備健全的家庭倫理觀念，各司其職、各盡其位的負起責任與義務。對家庭的經營當做是生活中最重要的課題，努力學習發揮所長，付出、奉獻、服務、盡心、盡力、盡責，這就是家庭倫理。對個人、對家人、對社會是最好的貢獻，家庭必然和樂幸福。

三. 信念創造實相

霸凌陰影阻滯工作表現成長經驗是最好解藥

面前坐著一位穿著時尚得體的漂亮女性，她告訴我，目前在工作上感到特別的累和焦慮，最困擾的是和主管的關係，怕在工作決策時不夠理智。希望能夠幫助她整理潛在的緊張和不安，變為更有自信和精神上的平衡。

經過 OH 卡的翻牌諮詢，瞭解個案在企業工作已經有 6 年以上，是擔任副總裁的職位，因為公司新來的主管年輕又不熟悉管理業務。使得各部門的同事人心惶惶，他們表示對 CEO 很難信任，對工作的未來也不抱有希望。個案說：公司的業務項目、關係人脈都是自己建立起來的，但是主管的做事卻讓她在業務上、管理上有強烈的不安全感。

透過潛能開發的引導，個案告訴我，她在 7 歲的時候父母離婚，那時剛上小學，被同學霸凌、恐嚇，自己心愛的小貓被搶走，也不敢告訴家裡，認為沒有人可以保護。因此，當遇到有壓力、情緒的干擾，就會用生氣、憤怒、對立的方式來處理問題。我告訴個案，現在的妳已經長大，世上唯一能限制妳的，是妳對於自己的想像，當我們對自我的允許提升，就能看見成長的可能。這時個案就笑著告訴我，因為老闆中文不怎麼好，所以與客戶有關的業務網絡訊息都是和她一起處理，如果業務順利進行，彼此都會鼓勵和誇讚！

建議如下：

回想過去的小時候，因為害怕、難過與家人的別離，造成貼上恐懼的標籤。只要覺察了就可以改變它，新的信念是學習付出與人合作，能夠

化解受到內在干擾焦慮的情緒。可以將新的信念當成遊戲來練習，有信心的在生活中運用。

　　所謂理想的心理模式－［信念創造實相］，要相信今天的狀況是我們選擇的信念，只要自己改變新的信念，就會有發生不同的現象。重點就是把握住順應當下，讓彼此之間快樂的方法，這是每天遊戲生活的信念。

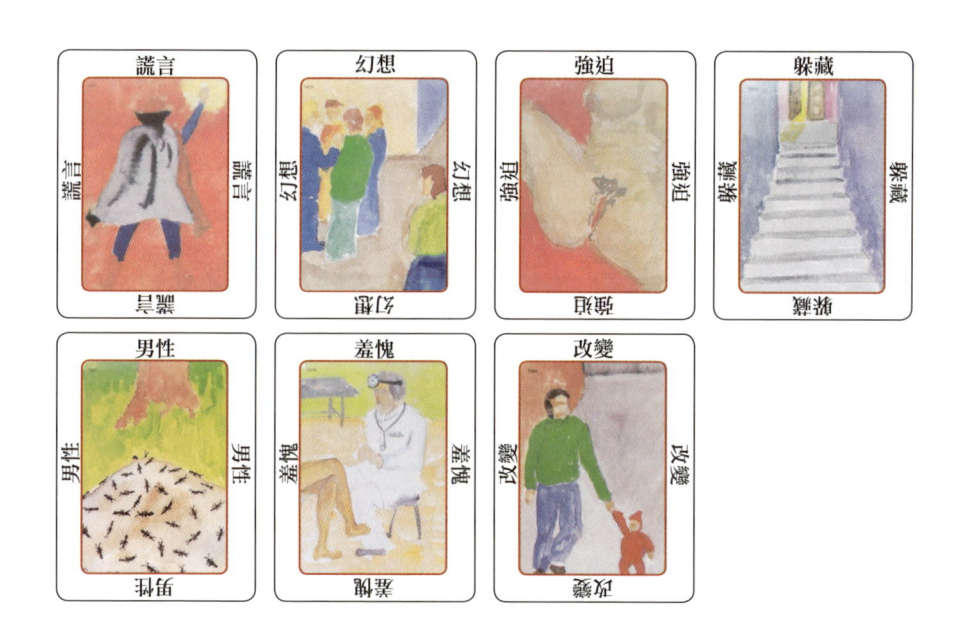

四．我們所看到的是有限的

孫女學業不佳，7個解方讓阿嬤笑了

她是個美麗的外婆，可是為了小學一年級孫女的學習問題傷透腦筋，因為孫女這次考試亂寫全部都錯，讓她心情沈重，非常擔心糾結，要怎麼做才可以幫助孫女學習進步？

透過 OH 卡潛能開發的引導，瞭解個案的女兒因為工作忙碌，所以將孩子交給外婆照顧。又因為個案的女兒在小學時候有學習障礙的問題，導致在高中書讀的不好，因此就缺少選擇的機會。發現孫女進入小學一年級也有讀書不容易、理解太慢的問題，有和老師溝通，希望老師能夠從旁關注，就開始嚴格管教，卻讓孫女晚上睡覺時會磨牙，外公都心疼的說：又不是要去聯考，妳逼她逼成這樣要幹什麼！外婆自己也心疼的說：她現在照相都站在旁邊的地方。

我說：切不可將自己的孩子與別人來比較，這是不公平的。想要孫女去做，她還做不到的事，使孩子對自己失去信心，並且對學習失去興趣。應該從另一個角度去發現孫女身上的閃光點。這時外婆笑著說：孫女背書背的很好，她很快就可以背熟 10 首詩，她還會主動去跟老師抱抱，我知道要怎麼去做了！

建議如下：

艾瑞克森的發展階段論認為兒童期的發展目標是勤奮，發展危機是自卑。影響兒童人格發展的因素，可分遺傳因素、生理因素、心理因素、家庭因素、學校因素和社會文化因素。

兒童人格的輔導可以從下列幾點著手

❶ 提供早期良好的生活經驗。
❷ 培養獨立的性格。
❸ 建立自信心。
❹ 適當的管教態度。
❺ 提供良好的示範。
❻ 提供美育之薰陶。
❼ 多接觸大自然。

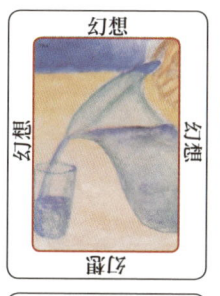

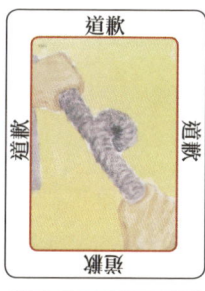

幻想	道歉	危險	不喜歡
醜陋	權力遊戲	孩童	

五. 說好話很重要

覺得自己不夠好小心〈冒牌者症候群〉找上門

她是已婚 51 歲的女士，有著美滿的家庭，兒子是大學生，女兒在唸高中。因為有一年多的時間心情低落、沒有自信、沒有安全感、身體消瘦和失眠的狀況。個案希望能夠找到問題來改善身體狀況，恢復生活的動力！

透過 OH 卡潛能開發引導，瞭解個案因為長期的家庭主婦生活，當孩子已經成長獨立，即面臨重心消失，無所適從的「空巢期」。加上可能適逢更年期，除了生理不適之外，心理感受的痛苦與孤獨，覺得所擁有是不安心的。常常認為自己不夠好，會在乎別人的反應而覺得不好意思。通常會有以下幾種反應：

❶ 覺得自己不夠好，所以總是害怕失敗。
❷ 把自己的成功歸因於運氣、時機，或者是他人的過分抬舉。
❸ 因為擔心某件事無法做得完美，只好不斷的拖延。
❹ 工作過度努力，甚至放假時也難好好休息，害怕停下就再也跟不上了。

這種不配得心理，也就是所謂的（冒牌者症候群），以優秀的女性患有這症狀的比例又更高。**要怎麼改善這樣的症狀，建議如下：**

第一步要先（自我檢驗）
　　是先生的一句話？還是孩子的一個動作，讓自己覺得（我不夠好）。學習對家人做溫暖、關心的表達，就可以改善冷漠的氣氛。夫妻之間的溝通，比如：妳想要吃什麼？不要說，隨便。
可以說，我喜歡聽你的。
不要說，你好傻。

可以說，你很有想法。

不要說，你不行。

可以說，你很有潛力。

自己做錯了，可以說，謝謝你的理解。

第二步則是要（接納自己）

　　擔心不完美的我不會被他人接納，因而感到孤獨和疲憊。然而那些他人的不接納，其實是自己的想像，真正不接納的是我們自己。身體的不舒服都是我們平日累積而來，情緒、壓力只要沒有找到出口，最後都會變成內耗，不是一直告訴自己"我很好"就可以解決的。人生是一連串的點，是一連串的剎那。聚焦在此時、此刻，是為了認真而謹慎地專注當下可以做的事。而不是固執的在抱怨，自己的人生，自己的生活型態，是我們自己選擇的，我們擁有那樣的力量。不管是在二十歲還是九十歲面臨結束，它任何時刻都是已經終結的、幸福的一生。

六 . 重複問題的苦惱

訂下目標跨出第一步找出持續堅持的動力

這是位即將退休的優秀女主管，她最近在生活上一直有個困擾的問題，那就是很想要完成的事情，比如：禪修、視頻記錄生活、讀書心得上傳，這些都只是做了一段短暫時間，就無法持續繼續做下去，所以希望能夠找到原因改善問題。

透過 OH 卡潛能開發的引導，發現個案雖然很喜歡分享並且有與人同樂的特質，所學習的禪修、視頻記錄生活、讀書心得上傳，都能讓她覺得心情安寧和很享受。可是會擔心所做的事情結果有許多不確定的因素，並且自己很在意事情做完後別人的需要和反饋，就陷入了混亂苦惱的狀態。因為平常做事情怕犯錯，都會事先做好藍圖規劃以及計劃完整才肯行動。個案說：我想做！我願意做！我想得到別人的認可！

建議如下：

訂下一個實際的小目標，對自己的願景信任大於對外界的信任，可以假設並相信自己的願景會發生。雖然未來發生的事情總是有好有壞，但是如果現在就認為會有壞事發生或是無法達成目標，就會影響現在當下的心情和前進的動力，就是俗語說的杞人憂天。如果凡事相信自己想要達成目標，願意努力去找出方法改善，都會遇到機會逢凶化吉，並且有最好的安排，就可以有勇氣面對失敗，總有一天可以實現理想目標。

無論狀況多艱難,只要勇敢跨出一步去做,身心投入到實際行動當中,發揮出自己的本事和技術,並且從中得到樂趣,能對別人有貢獻,就能感受到自己的價值。你就不會想要放棄,重複的問題就可以解決,所有的一切都會隨之變好的,因為你知道只要繼續前進,它就會發生,一切皆有可能,這是實現你願望的完美方式。

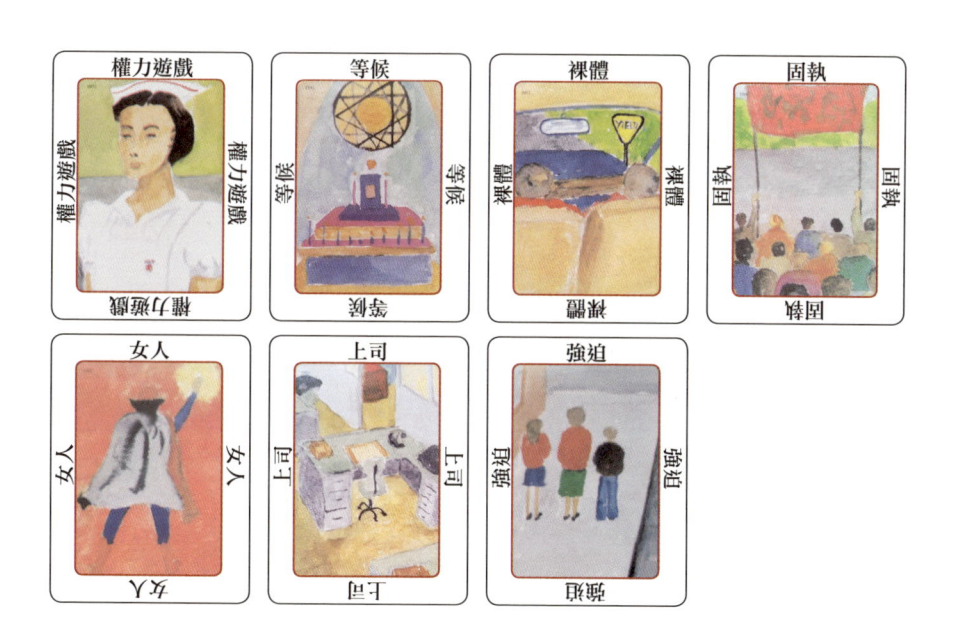

七. 家中青少年情緒低落又壓抑

父母愛的擁抱解決問題

在親子關係的諮詢案例裡，最常遇到的就是青少年與父母的對立衝突、僵持不下，這是青少年追求成長從依賴朝向自主的行為表現，心理學家稱這個階段為「再生期」，有的稱為「困擾期」。

有位美麗的媽媽陪伴著斯文的小帥哥，想透過 OH 卡潛能開發的溝通，能夠改善小帥哥目前情緒低落、疲憊、胃口不佳的狀況。

在談話間，看到母子的互動良好，就可以感受到他們的關係非常親密。經過諮詢後，瞭解小帥哥因為最近學校的成績不理想，很容易內化父母的信念，儘管沒有明說，孩子卻感覺得到，也就是「父母對我是失望的」或「父母認為我很糟」。並且自己沒有經濟能力，花費了家裡的錢，造成身心俱疲的自責狀態。

每個青少年都不一樣，但相同的是，他們都不斷在尋求照顧者的認同與肯定，只要青少年表現出來的正向行為被充分的肯定，就會繼續表現類似的行為，當青少年的努力從未被鼓勵，而一些不被接受的行為卻一再被放大檢視，青少年便會不斷出現狀況來提醒大人。

從柯柏格的道德發展論的道德循規期（conventional level）（9~15歲），大約是在小學中高年級開始，一直到國中的青少年階段。此一層級道德的建立會開始考慮以社會團體大多數人認為好與壞的傳統作為價值判斷的基礎；此一時期的個體，逐漸以「維持家庭、團體、甚至國家對個人的期許，來取代功利性的對錯準則；而行為的立即後果則較少被考慮。此一層級又可分為兩個階段：

* **尋求認可取向**

　「好孩子」標準是成人定的，為尋求行為上的認可，而遵守符合「好孩子」標準的規範。個體順從傳統要求，冀求別人讚許而表現從眾行為。

* **順從權威取向**

　順從團體規範，嚴守公定秩序，尊重法律權威，判斷是非時，初具法制觀念，視維持權威的條例（如法規）與維持社會秩序為首要原則。

建議小帥哥：

認知改變	學習疏導情緒，由正向合理之想法取代不合理或負向想法，青少年的情緒低落若是持續時間較長，有可能如深陷泥沼而不可自拔。
行為改變	可以和同儕彼此支持鼓勵相互學習，與團體的活動。達到某種目標就可以做一些自己喜歡的事，藉以獎勵自己。
關注飲食	能夠保持正常的飲食習慣，就可以維持身心的健康，是學習的重要能量。

親職教育亦為重要教育的一環，自古以來許多人常認為當父母，只要生了小孩就會，是一種天性，其實父母撫育小孩固然是人性，但如果沒有適當的方法，「愛之適以害之」，因此父母也需要成長學習才能擔任勝任之父母，所以在青少年遇到學習的障礙，若無法尋求得到幫助和取得資源，而陷入混亂的困境時，希望父母們除了有愛，也要學習做孩子溫暖的聆聽者。

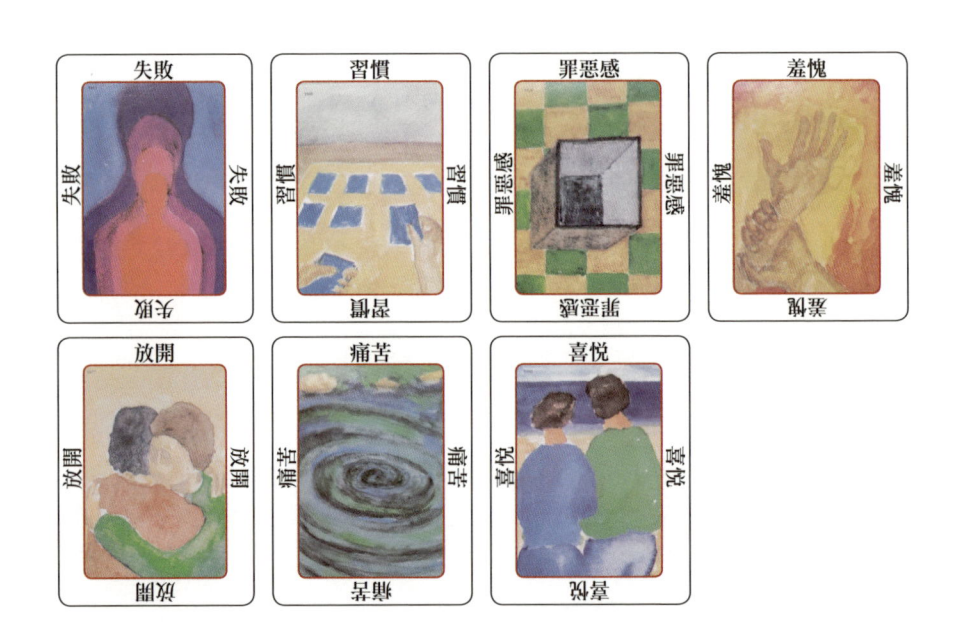

八．乖孩子拒學轉打電競

父母該怎麼解決壓力和危機

有位眉頭深鎖的媽媽，帶著國三的兒子來到工作室諮詢，媽媽表示，兒子在環境很好的國中學校就讀，成績表現中等，交往的同學成績都很好。可是在最近不肯配合老師寫講義，甚至說不要唸書，要去當電競選手。因為兒子從小都是乖乖的，所以擔心他是想逃避課業的壓力，才會做出令父母難以接受的決定。

看到這位媽媽滿臉的苦惱模樣，兒子則是低著頭無語，我就向他們介紹 OH 卡的功能，開始進行溝通的引導工作。在諮詢的過程中，瞭解兒子正處於青少年時期，是個身心劇變的開始，也是人生發展的關鍵期，因此與家人有不同的想法時，就會有親子衝突和壓力產生，所以反映出拒絕與家人溝通的狀況，並且有對家人隱瞞課業成績的問題，讓家人感到非常頭痛。

心理學家安娜・佛洛伊德（AnnaFreud,1895-1982）認為青少年是一段身心失衡，充滿內在衝突且行為不穩的時期，青少年情緒與個人「自我」（self）以及「認同」（identity）的發展有密切關係，情緒通常與自尊（self-esteem）有密切的關聯。

社會學家指出，家有青少年子女的父母，首要面臨的即為親子關係的調適，子女進入青少年時期後，會開始追求自我。父母或許會發現，國小時事事順從父母，到了國中時期開始產生反抗或叛逆行為，這些狀況有時會令父母難以接受孩子的轉變。若親子間缺乏適當的溝通管道，將會造成不良的親子關係，家庭風暴即為此時期最大的壓力源。

如何因應：

家庭壓力是一個中立的概念，它不一定是正向也不一定是負向，家庭壓力對家庭產生壓迫，給家庭帶來的結果是有益的還是有害的，多依賴家庭對此情境的認定和評價。

青少年的不快樂、憂鬱或是壓抑情緒，以致面臨情緒上的狂飆期。因為沈重的壓力，需要尋求家人的幫助，但又覺得不被肯定，導致內心痛苦，並且不願意溝通表達。必須要有合理的疏導，從嗜好如：看電影、睡一覺、透過家人和知己朋友溝通、得到同儕團體的支持，或者找專業的心理輔導人員談談，都是可以幫助疏導情緒的方法。

經過諮詢溝通後，這位青少年就告訴我們，其實他在國一的時候，就有想做電競選手的決定，並且在高中階段是電競選手學習最重要的時候，他擔心自己打的不夠好，所以想要提前做準備。

我問媽媽的想法呢？媽媽說：理解了兒子情緒低落不願意學習課業的原因，她願意用兩年的時間陪伴兒子追求夢想，反思自己是按照傳統的模式求學，就是大學畢業也沒有什麼成功的表現，所以決定讓兒子能夠安心的、好好的學習另一個不同的領域，這樣也是給彼此多一個機會。

讓我記憶深刻特別溫馨的感覺，我們是在互相的擁抱中道別的。當我們與青少年輔導關係建立愈佳，愈能影響青少年，當青少年愈受到關注，也愈能表達其感受，也愈可能發揮其正向功能。

失敗	焦慮	違背	敵對
分享	混亂	付出	

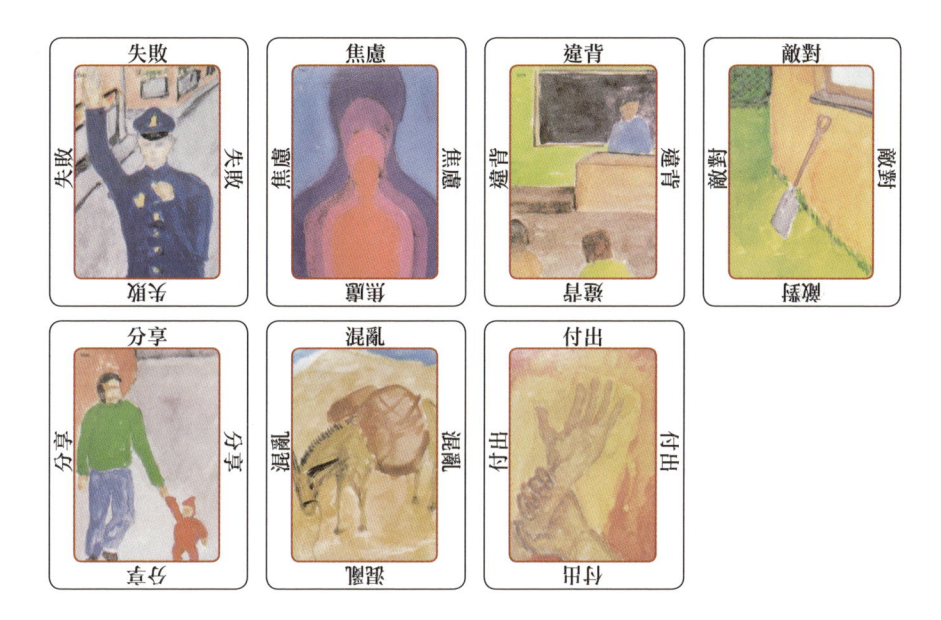

九. 兒子覓職造成母子關係緊張

一同面對解決問題

有位擔心孩子的母親，主動的陪伴已經大學畢業一年的帥哥來到我的工作室，希望能夠透過 OH 卡的潛能開發，可以找到孩子的優勢和工作的性質。

在和他們母子溝通的互動裡，瞭解到他們因為工作的方向，母子的關係已經是水火不容的陷入混亂的情況。母親認為，孩子沒有為找工作認真做準備，而是整天的玩電動遊戲。帥哥則情緒的反應說：因為家人不接受他提出的工作方式，不理解他的興趣特長，都認為做翻譯的工作是沒有前途的事，因此無法溝通。會去玩電動遊戲，是因為和朋友的交往關係受到了傷害，覺得熱心沒好報，所以才會選擇不須要溝通的網路遊戲。

看到孩子的母親關切的眼神，此時也讓她翻個牌，透過 OH 卡的引導，鼓勵她不要因為擔心孩子的狀況，而讓煩惱、疲憊造成彼此抗拒的緊張關係，應該要拉住孩子的手一起面對解決問題，這樣去做就會有收穫！

建議想要就業的帥哥：

① 鍛練自己的儀表，給別人的第一印象是很重要的。

② 可以先去找自己喜歡做的翻譯工作，再退而求其次的為生活而工作。

③ 不要抗拒負面感受，釋放負面感覺的方法，可以借用伊賀列阿卡拉修藍博士在《零極限》這本書裡的四句話默念「對不起！謝謝你！我愛你！請原諒我！」來修復一切，這種負面感覺就會漸漸消失，就可以擁有豐富的人際關係經驗和彩虹般的心情。

帥哥他那「過度敏感」的缺點，用對地方就變成是細心。凡事都有兩面，一個人的缺點，反過來就是他的優點、特點，只要你懂得把自己「放對位置」，善用自己的特點，你也可以展翅高飛、如魚得水！

媽媽的卡牌

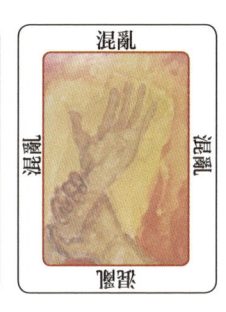

| 抗拒 | 攝取 | 混亂 | 躲藏 |

兒子的卡牌

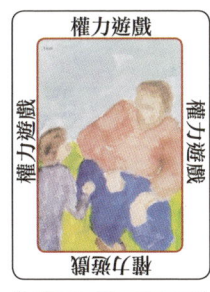

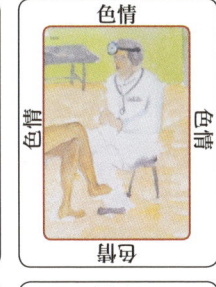

| 權力遊戲 | 色情 | 醜陋 | 開始 |
| 罪惡感 | 退省 | 外表 |

十. 銀髮女性跳脫婚姻枷鎖

立即學習溝通改善夫妻關係

看着坐在對面的漂亮女性，已經是退休年齡又再重新轉行的職業婦女。她有很豐富的生活經驗，帶領著團隊參與過許多社會公益的活動，但是在經濟上卻是一直重複的面臨困境。因此，她很想知道有什麼方法可以改善混亂的財務狀況？

透過 OH 卡潛能開發的引導，瞭解個案在 40 多年的婚姻生活裡，夫妻之間經常的出現嚴重衝突，在這種情緒造成的自我壓抑和悶悶不樂，讓個案有受害者的心情，就用逃避的方式向外發展，而減少在家庭和伴侶相處、用餐時間。失和的婚姻生活，常使她感到力不從心。

利翠珊（2012）在一項夫妻之間衝突處理方式的研究整理出，婚姻中的衝突不一定會對婚姻帶來傷害，但是批評、輕視、防衛、冷漠等負向衝突處理方式，則是預測離婚的重要指標。相對於西方社會以外顯的方式，積極尋求問題解決的處理衝突。國內夫妻常以忍耐、配合、順從等內隱的方式面對衝突，恰當地拿捏這些策略，可以對婚姻關係有正面效益。

個案在婚姻中發生的衝突，也是溝通的一種，它牽涉到語言與非語言的訊息表達，只是衝突往往來自互動雙方對事情不一致的想法，通常伴隨著負向情緒，也會給對方帶來負向感受。

建議如下：

① 夫妻間的正向行為近年受重視，研究發現配偶支持、寬恕、承諾、犧牲等正向行為，通常可以啟動婚姻關係的自我調節機制，使關係不至於瓦解。

② 夫妻間的彼此體諒與容忍是需要學習如何調適情緒、轉換思維、感恩的心和安排家庭旅遊等，這是維持婚姻關係最重要的因素。

③ 有句成語《家和萬事興》，意思是家庭和睦才能做任何事情都能興旺，這類「相敬如賓」型的夫妻，即是多採用理性溝通與委婉懷柔等方式，積極的經營婚姻關係。

提醒個案因為焦慮的情緒，婚姻關係進入糾結的冷循環，讓身心緊繃而沒有彈性，只要學習積極的去做改變，就可以改善混亂的財務問題。

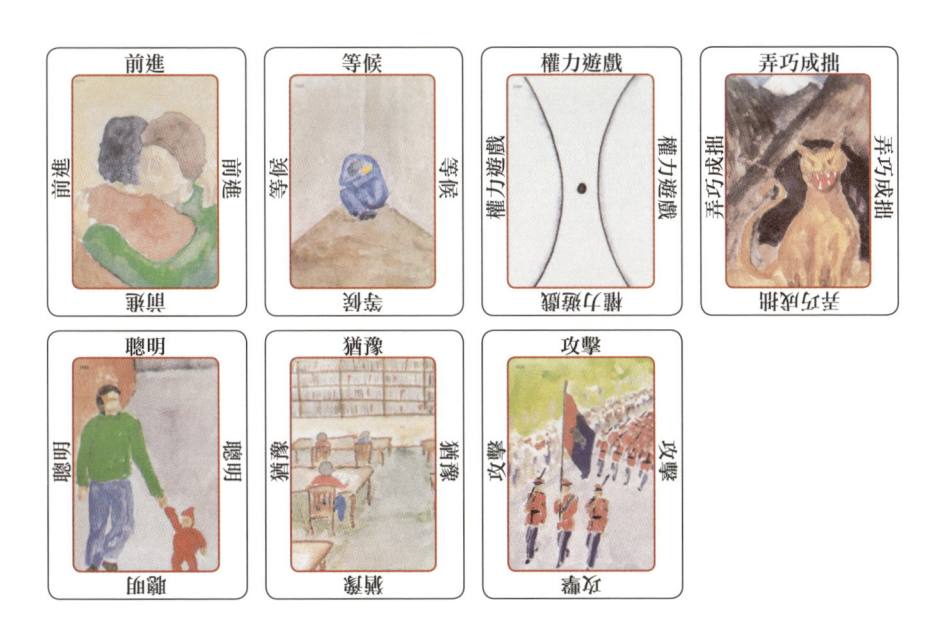

十一. 離婚不是天塌下來

調整腳步人生再出發

約好了潛能開發諮詢服務時間，我們在 Line 上視訊，看著這位清瘦斯文的帥哥，從他的自我介紹，知道他從小就到美國生活，目前也有薪資很高的工作。因為去年伴侶提出離婚，遭遇家庭的變故，面對生活突然轉變的壓力，身體有皮膚過敏、指甲裂開的情形，工作時也無法控制自己的情緒。自己認為最難過的時候已經過去，但是在說到和 8 歲女兒相處的生活細節時，就哽咽的掉下淚來。他說：想要整理好自己，找到生活的方向和動力，希望能給女兒最好的生活和安全感。

經過 OH 卡潛能開發的引導，瞭解帥哥是在毫無準備的狀況下，遇到伴侶有計劃的要求離婚，不只影響到家庭的正常運作，甚至離婚後，要將居住的房子賣掉以及財務也都產生負向的結果。一連串的衝突打擊發生，讓他的心情很低落。

建立婚姻是大多數人的期待，也是穩定社會的基石。但是隨著社會快速變遷，價值觀的改變，要維持穩定的婚姻卻成為現代人的挑戰。離婚所牽涉到的人員，不止是離婚的夫妻兩人而已，常包含了夫妻雙方的原生家庭，另外影響最大的還包含子女，尤其是對未成年子女的影響更大。

建議如下：

① 鼓勵身心俱疲的帥哥，態度是很重要的，悲傷是人的一種情緒，正常而且合理。因此，不要苛責自己的感覺，並且要告訴自己，這樣的悲傷會過去。不要將所有悲傷都留在自己的心裡，獨自承受，有機會應該要將失去伴侶的心情，向信任的親友或專業人員

傾吐。不要認為哭泣或悲傷是懦弱的表現，適當地情感宣洩可以幫助自己整理情緒，從悲傷中再站立起來。

❷ 運動不僅可以用來鍛鍊身體，也可以幫助自己穩定情緒。一項由德國柏林法蘭克林醫學中心的研究發現，運動可以幫助鬱症的患者憂鬱指數下降。因此，適當地運動也可以幫助減低悲傷的程度。

❸ 有些人會因為過度的悲傷或打擊太大，而有暴飲暴食、厭食、或偏食的情況出現。這樣不正確的飲食對身體都會造成負面的影響，避免產生營養不良的狀況發生。

❹ 要學習和前妻友善的溝通，這樣才可以消除對女兒的不捨和擔心，能夠和前妻為照顧女兒而合作，就會有信心相信危機是可以解除的，就可以找到生活的方向和動力！

十二 . 五個時間管理技巧

讓生活與職涯共舞

　　一位 37 歲的優秀男士約好來做潛能開發，他說：已經有兩年睡眠不足，因為所從事的工作是美國跨國公司，在台北有辦公室，也可以在家裡遠距離上班，最近工作要到半夜 2、3 點，白天的時候也無法入睡，因此造成身心疲憊。並且媽媽的身體時常不舒服，她的負面情緒會影響到自己的心情。想到幾年前去美國積極努力的讀書和工作，現在已經達成理想的目標，工作可以自主上班，收入也很好，雖然知道快樂是自己給自己的，但是覺得不容易改善低落的心情，如何才能讓自己快樂？

　　透過 OH 卡潛能開發的引導，讓個案理解多年病痛纏身媽媽的辛苦，雖然她講話很難聽，很無理又計較，但是個案已經學會調適心態，把媽媽當成愛人對待，用正面能量去化解它。目前的工作傳統缺乏創新，還有犧牲身體健康的問題，因此想要自己創業，願意面對更大的挑戰。檢討的結果是個案要學習做好時間管理，就可以減輕或是消除壓力。

　　還有找不到合適的女朋友是壓力來源的癥結所在，雖然陸續交往過 10 位女朋友，大多是這兩年用網絡軟件約見面。個案說：聽說有成功配對的案例，只是這種重複的交友模式，約出來溝通後才發現不是對的人，覺得浪費很多時間。鼓勵個案除了做運動、吃美食、旅遊、音樂欣賞以外，也要參與有興趣的社團活動和交朋友，這樣也可以達到舒解壓力的效果。

建議時間管理的技巧有以下幾項：

① 依工作的重要性排列優先順序，先完成重要工作，再完成次要的工作。
② 將艱鉅的工作化整為零，逐步加以完成。
③ 將工作安排每日、每週或每月的進度，按進度來執行。
④ 養成今日事今日畢的習慣。
⑤ 在一天精力最旺盛，最有工作效率的時段，做最重要的工作。

　　人際關係會影響一個人的家庭、婚姻、事業與前途。人際關係的建立，平時就要多與人互動，主動去關懷、協助、接納他人，平時就要與人禮尚往來，要真心讚美和肯定別人，時常保持笑容，留給人家美好的印象。人際關係與人際吸引、愛情和文化背景都有密切的關聯。

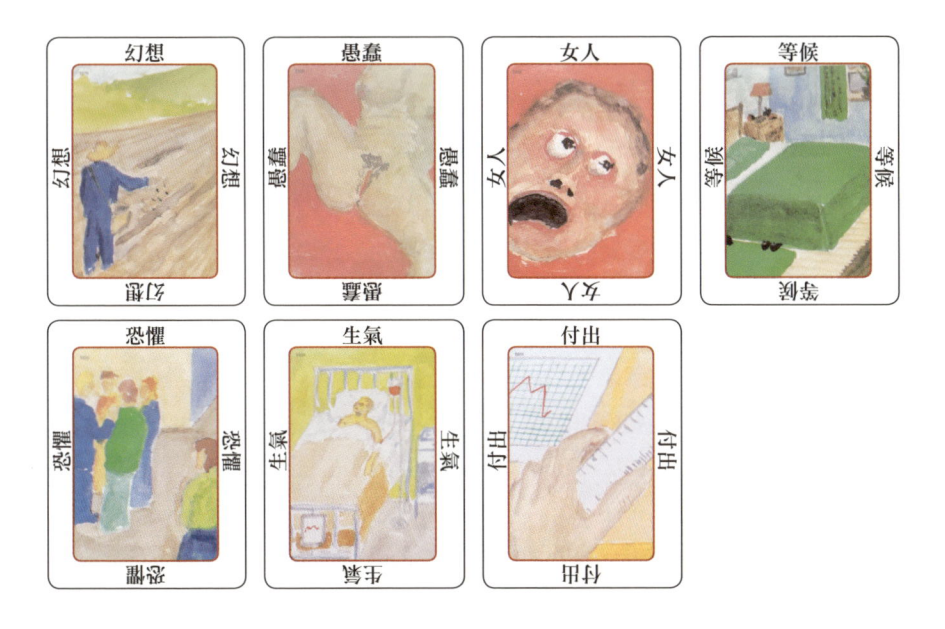

十三. 高齡母女的相處難題

4 種方法修復彼此關係

已經是做外婆的個案,邊說邊掉眼淚的告訴我說:她有個將近 90 歲威嚴又好強的母親。因為父親在兩年前過世,讓母親更加的沒有安全感,每天都是同樣重複抱怨的話題。前陣子回家去看母親,按鈴後,母親拿著掃把向著我打過來,我說:妳幹嘛打我!結果母親又繼續的往我身體打下去。

這樣經過一個月,本想 60 歲終於可以不用理會母親,並且跟弟弟說:不用回家超開心的。但是又覺得母親獨自生活於心不忍,和母親關係卻是有著複雜的情感,就鼓起勇氣打電話給母親道歉!沒想到母親還是很生氣的罵著說:不孝女!房子不給妳了!不要回來喔!個案覺得此時心情格外輕鬆,功課又做完了!但是內心卻是恐懼的,現在超怕回家,已經用盡辦法,想要關心母親而手足無措,要怎麼去解決這個嚴重的問題?

透過 OH 卡潛能開發的引導,瞭解個案的母親因為老伴過世缺乏安全感,覺得女兒只有關心夫家,而不回去照顧娘家,就情緒化的把女兒罵得狗血淋頭。個案在這樣身心拉扯的狀況下,感到沒有辦法應付,太累了想放棄,但是又擔心母親可能是生病了!不想造成後悔和遺憾。經過反思的探索學習,讓個案可以理解感謝武功高強母親的教導,才能夠使得自己脾氣這麼好,心情也能夠轉換調適得很好,並且也能夠同理心對待別人。

建議如下:

❶ 彼此在衝突的狀況時,可以回答讓母親感到舒適的話
如:爸爸不在了,妳對我很重要!溫暖的溝通,道謝、道愛、道歉,讓母親覺得她不孤單。

❷ 不要受到母親的情緒反應影響，把不舒服的感覺放開，主動營造話題場域，可以表達自己的心情、感受和想法，但是內外一致要做到敬愛和尊重的態度。

❸ 學習把子女的角色扮演好，盡自己的經濟能力照顧母親，理解母親有擔心期許，希望子女能活出最滿意的樣子。去了解、安慰她，還有人懂她。

❹ 與父母相處如同遊戲一般，不要自怨自責就不會有壓力，導致雙方身心都疲憊。因為有了方法，相處就會越來越好！

　　孝順的好處利己又利人，能夠給予孩子內心的滿足感，它體現了家庭成員之間的關懷和支持，如：尊重、關心、陪伴和照顧，是建立健康家庭關係的基石。

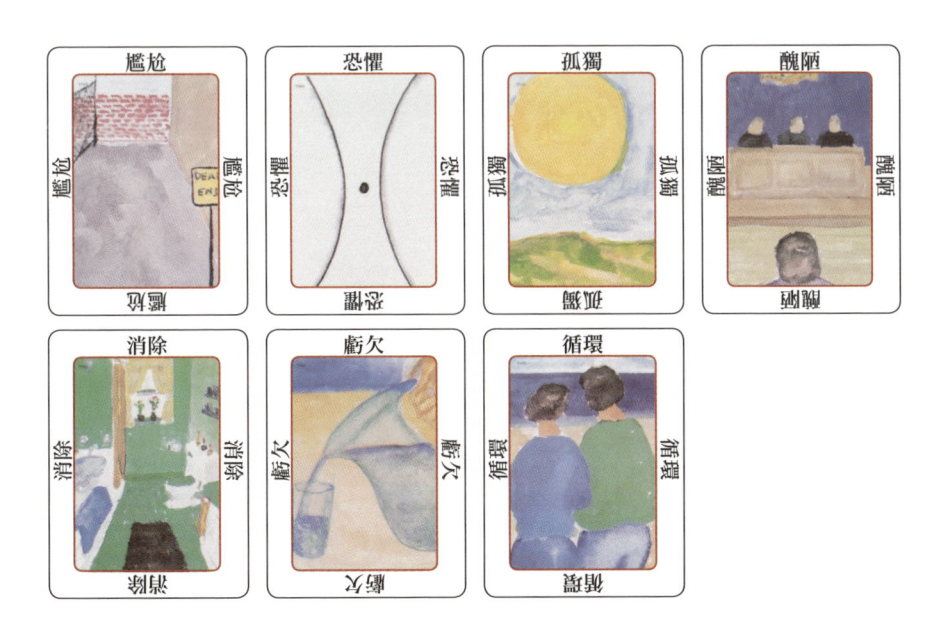

十四 . 職場支援咖操到爆累

善用支持系統資源

有著烏黑的秀髮，修長的身材，個案是從國外唸書畢業回到台北工作的未婚美女，她說：在飯店工作已經兩年多，工作部門的人力不足，都要被派去支援別的部門，這種狀況將近有兩個月，上班有時超過 12 個小時。因此，同事就討論著想要換工作，她也覺得常常要加班很疲憊，沒有時間去渡假旅遊，所以想諮詢瞭解可以換個工作嗎？

透過 OH 卡潛能開發的引導，雖然個案的工作忙碌，但是能力的表現有受到主管的肯定和提拔，並且她也計劃想要調派到國外的部門工作。所以鼓勵個案要善用時間休息，才有體力和精神在工作上繼續配合飯店目前的困境，而且也可以學習其他部門的實務經驗和建立良好的人際關係。

建議如下：

妥善計劃安排優先順序	衝突的產生通常是在同一時間必須完成多項工作，勢必產生壓力與緊張，也就是說，心理將事情的緊迫程度做適度的調整，在有限時間內，先完成最急迫的工作。
重構價值信念	從小我們的教育、學習環境評量學生時，總用扣分方式處理，例如扣 5 分答錯 3 題等方式，因而我們學會只看缺點。所以一般人會為工作上的不完美或缺失感到懊惱，壓力或緊張也從中而生。如果我們的認知重構看成優點，很多想法將會改觀，例如將扣 5 分換成得 95 分，答錯 3 題換成答對 22 題，壓力與緊張自然

	降低,將會得到較好的平衡,因此,重構價值信念是重要的資源(Wanamaker,&Bird,1990)。
善用支持系統資源	支持系統是個人在面臨具有壓力情境時,家庭成員、朋友、鄰居和其他人所能夠提供給個人的各種不同形式之援助與支持,這些援助包括了各種訊息與資料提供,給予引導和適當安慰與庇護。

當個人在生活當中面臨了壓力情境時,會向其所擁有的社會網絡中尋求實質上的協助或精神上的支持,獲得改善焦慮的情緒,能夠從自我肯定、建立自信為出發,再追求進步。

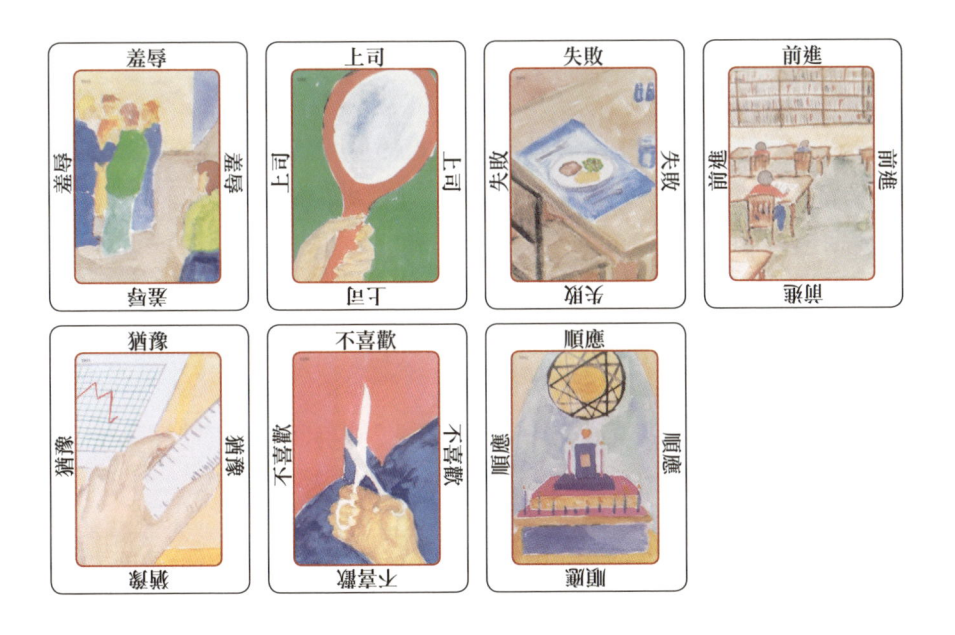

十五. 夫妻相處中少點抱怨

溝通多對話不要冷戰

一位面容憔悴的清秀婦女,經過朋友的介紹來工作室諮詢,她告訴我,目前的工作、家庭還有經濟都很不順利,以致感到很疲憊,希望能夠找出生活的方向。

透過 OH 卡潛能開發的引導,瞭解個案已經結婚一年多,和先生以及先生的 15 歲兒子共同生活,由於兒子在半年前厭煩去學校上課,就出現常在家裡睡覺和選擇性學習的行為。因此,個案就很積極的想要幫助兒子尋求問題解決,反而讓對方感受到壓力或威脅。因為和先生對孩子的教養問題各有立場,還有收入減少的問題,於是夫妻的溝通就很容易有情緒化的攻擊,兩人之間一旦築起牆,就會成為習慣很難打破。

國內學者利翠珊與蕭英玲(2008)以台北縣市 352 對夫妻為對象,探討台灣夫妻婚姻品質維繫的機制。將夫妻間的外顯衝突行為區分為「語言攻擊」(如:對配偶講出難聽的話、批評配偶的不是等),以及「抱怨」(如:翻舊帳、抱怨自己意見不受重視等),結果發現丈夫比妻子較少使用抱怨的行為來處理衝突,且發現不論對丈夫或妻子而言,負向的外顯衝突行為對婚姻滿意度均有顯著的負面影響。

建議如下:

❶ 夫妻溝通要避免漠視習慣的形成,應在衝突時讓自己暫停 20 分鐘,冷靜之後記得恢復對話,學習在關係中建立尊重的氛圍。

❷ 當子女成長到了青少年初期,必須因應角色轉換的需要,以溫暖、詼諧的溝通方式,加強培養孩子自主決定的能力,否則不是親子衝突不斷,就是容易出現青少年問題。

婚姻中的衝突用不佳的處理方式,會帶給雙方更大的傷害,加速婚姻的瓦解。良好的衝突處理,則可能化危機為轉機,把潛藏的婚姻問題浮上檯面,及早化解。而夫妻間相互的支持正是克服生活中許多問題與挑戰的重要力量。

OH 卡做潛能開發諮詢的 24 個案例解讀

十六. 孩子學習落後情緒低落

職業婦女家庭工作兩頭燒

這位斯文秀氣的年輕媽媽帶著小學四年級的女兒來工作室諮詢,媽媽說:因為女兒在這半年裡,寫作業拖拉的情況很嚴重,常常寫到很晚都來不及做完,學習成績退步很多,並且情緒較易低落,所以想改善女兒的學習問題。

我就先向這對母女介紹 OH 卡潛能開發的特色和好處,讓女兒先翻牌,才翻了第一張向她形容,就看到她淚水汪汪的模樣,透過詳細的溝通,瞭解年紀小小的她,因為爸爸工作上的不順利,時常會和媽媽發生爭執、衝突。由於感覺爸爸是比較嚴厲的對待媽媽,所以就想要在生活上照顧媽媽,這種超出年齡的過多壓力和無力感,影響她在學業上的學習,以及與爸爸的感情愈來愈疏遠,還有最近在吃飯前會先聞的退行現象。

鼓勵女兒可以學習用祈禱祝福爸爸和媽媽,就可以放下恐懼和不安。並且要積極的、主動的靠近爸爸,要做溫暖的溝通,因為爸爸是很愛她的,能夠瞭解爸爸也有傷心難過的時候。也要保持快樂的心情學習和同學一起遊戲。

這時就看到她們母女倆微笑的拉著手,氣氛放鬆了起來。接著和年輕媽媽透過 OH 卡潛能開發的引導,瞭解已婚的職業婦女,面臨工作與家庭生活的調適,當個人無法妥善處理,因應工作與家庭衝突時,隨著衝突程度的升高,將可能影響夫妻的婚姻滿意度與婚姻品質,導致親職功能失調,對家庭生活品質帶來潛在壓力與危機。

建議如下：

在 Taylor（2008）的《壓力家庭，強壯家庭；問題的因應，復原力的建立，及危機的處理》一書中，提出幾個簡單有效的通則：

積極正向的態度面對危機	將危機所帶來的感受表達出來
改變人生的態度也是因應壓力常見的方式，重要的是危機或困境已經存在，要有信心相信危機是可以解除的，學習保持笑容和家人分享。	當危機產生時，真實的傾吐感受都是簡單有效的方式之一，表示你需要對方的合作和陪伴。
接受困境調整腳步繼續往前走	保持身心的健康
面對危機發生時，提醒自己不要陷入受害者的混亂情緒，並且讓不舒服的感受壓抑著，或是累積到無法忍耐時，造成彼此互相攻擊的惡性循環。	請記住想要度過危機一定需要時間、精力、體力，以及清楚的思緒，而這些都建立在健康的基礎之上。
接受他人的建議與協助	勇敢因應危機將使家庭更強壯
在面對困境時，透過良好的溝通與互動，接受親友的支持與協助，較不會感到無助與孤立，也更有後盾支持以因應家庭危機。	學習勇敢的抱持著危機就是轉機的態度，家人共度危機，將培養更好的裝備，也將更堅強、更有能力面對未來人生中的風雨。

艾里克森（Erik Erikson）的人格發展學說是心理社會發展理論（Psychosocial Development Theory），主要理論基礎源自以下幾個核心概念：

一、理論來源基礎

1. 佛洛伊德的精神分析理論延伸
艾里克森受佛洛伊德影響，認同人格發展是分階段的，但他強調社會與文化因素，而非僅侷限於性本能與潛意識衝突。

2. 心理社會發展觀點（Psychosocial）
他認為人格發展是一生的歷程，從嬰兒期到老年期，個體在不同階段會面對不同的心理社會任務（psychosocial tasks）。

二、理論的基本假設與特色

1. 八個發展階段（Eight Stages of Development）
每一階段代表一個核心衝突（如「信任 vs. 不信任」），成功解決這些衝突會發展出相應的「心理美德」（如希望、意志、愛等）。

2. 危機與轉化（Crisis and Resolution）
每個階段的「危機」不是災難，而是成長的機會。若能成功面對，將促進人格成熟；若失敗，則可能影響未來階段的發展。

3. 終身發展觀（Lifespan Perspective）
與佛洛伊德不同，艾里克森認為人格發展持續一生，包含成年與老年階段。

4. 文化與社會影響
他強調文化背景、社會互動、歷史條件對個體人格發展的影響，這使他的理論更具普遍性與適應性。

三、應用與影響

廣泛應用於教育、心理諮商、社會工作與家庭治療。

對理解青少年認同發展、老年人自我統整等階段特別有幫助。

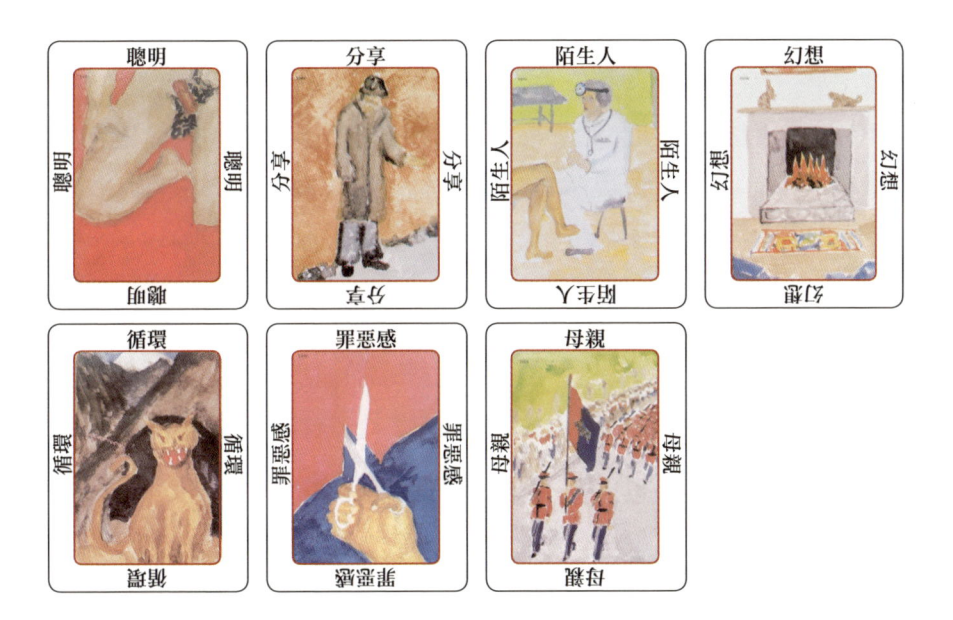

十七．先生不爽就離職超任性

老婆抓狂想離婚怎麼辦？

　　這位是年紀三十出頭的美麗佳人，她語帶哽咽地告訴我，覺得自己再也無法忍受與先生共同生活，並且最不滿意的事情，就是先生只要在工作中發生些許的人事問題，就會立即的換工作，有空時就是拿著手機玩遊戲，不考慮家庭的經濟問題。因此，家庭的經濟重擔讓她一人獨自負責，當她氣得受不了時，告訴先生目前家裡的經濟狀況，大部份是她在支付，還有小孩的學習費用尚未能準備好，先生卻是一副無所謂的樣子，還要插手管她的工作時間和薪資。這樣的互相指責和衝突，使她感到對婚姻很失望，她很激動地說：我想要離婚！

　　透過 OH 卡潛能開發的諮詢，發現個案因為長期壓抑自己的心情，影響到了與先生的互動關係，處於冷漠的狀態。在兩個人需要溝通的時候，說來說去都是一番道理，因為覺得先生是不會學習反思成長的人，這樣惡性循環的相處模式，還有家庭、工作都要兼顧使得她身心俱疲，必然造成個案的受害者心態。愛需要先從愛自己開始，如果你不開心的生活，又如何能讓身邊的人開心呢？愛是人生命中一種積極主動的力量，真誠的愛需要考慮對所愛的人了解、關心、尊重、承諾、認同、包容等。

建議如下：

想具有愛和被愛的能力，我們必須先瞭解愛的涵義。

愛的意義包含以下幾個元素（孟祥森譯，民 89）	
給予	本身就是極大的喜悅，這種帶入別人生命的東西，又反射回來到我生命裡，使他人也成為給予者，愛是一種喚起愛的能力。

照顧	愛是主動關懷被愛者的生命和成長。
責任	是完全自動的行為,責任是指能夠並且準備好回應他的需要。
尊重	是我關懷另一個人,讓他依照他自己本然去生長和發展,而沒有侵占剝奪的慾望。
了解	不是停留於表層的了解,而是穿透核心的了解,這種了解只有當我以他人的處境來了解他人的時候才能做到。

　　要成為一個完整的人或全人格的人,和享受豐富而深刻的生活,我們必須學習關懷別人和獲得別人關懷,滿足愛和被愛的需要。因此佛洛姆(Fromm, 1969)認為愛是人類生存的解答。

十八. 新工作堅持去做才會有希望

三種方法建立自信心

對面坐著一位時尚又有品味的大帥哥，他表情嚴肅的告訴我，他曾經做過不同型態的工作，最近半年有機會從事自己喜歡的直播、舞台表演等項目，卻因為收入始終不穩定，並且也沒遇到能賞識自己才華的伯樂。因此，讓他對自己的能力產生懷疑，生活上的壓力也很沈重，希望要如何突破增加工作的收入？

透過 OH 卡潛能開發的引導，協助帥哥整理此刻身心俱疲的狀態，克服猶豫不決的固執心情，蛻變的過程往往會被內在的思維所困擾，限制性信念會導致矛盾、衝突、與失衡，在人際互動、人際溝通方面都會有不良的影響。要學習放下過去經歷的哀傷，放鬆心情重新面對生活，如何增加自信心，有三個方法：

認識發現自己的優點和長處	要不斷學習體驗成功，從小的目標做起	勤能補拙，要以最大的決心，勤奮工作去克服困難

帥哥終於對我笑著說：面對工作是可以不排斥、再選擇，只要放鬆心情去做，就 OK 嗎？

我說：是的，不是因為抱有希望，所以才堅持去做。而是因為堅持去做，才會有了希望。祝你成功！

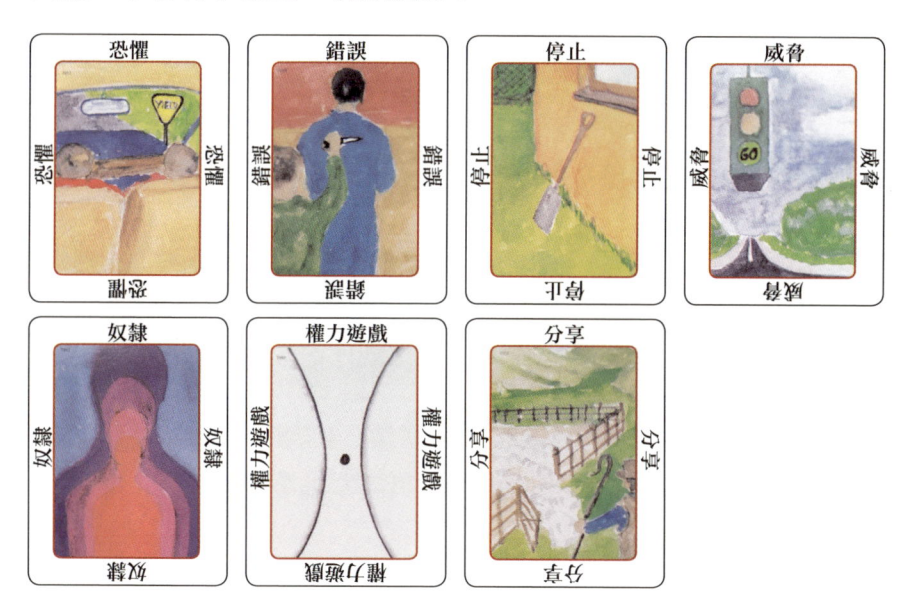

OH 卡做潛能開發諮詢的 24 個案例解讀

十九 . 學習接納伴侶不完美

3 個方法維繫夫妻關係

約好時間在微信視訊通話，她是 10 年前曾經諮詢過的個案，因為和先生面臨感情上的困擾，透過那次諮詢以後，就打消了離婚的念頭，並且辭掉工作，回到家庭又生了可愛的兒子，先生對個案也是越來越好，生意做得很順利，經濟大權也交給她處理。可是在前些日子，遇到一位對她很體貼的已婚男朋友，告訴她：「妳有什麼話，都可以跟我講。」讓她感覺和他在一起真誠有愛、特別豐富，在精神上特別依賴他，而且彼此都有好感。

由於之前先生在感情上的多次背叛，已經造成很深的傷害，覺得生活在兩個世界無法溝通，渴望愛卻感受不到。這樣的狀況讓個案心情很沈重，不知如何處理目前的關係？

透過 OH 卡的翻牌諮詢，立即找到了個案糾結的重點，要解決被情所傷、被情所困的煩惱，其實愛情的安全感來自於自己，這是一趟往內的旅程，在關係中需要理解彼此，並且要學習接納伴侶的不完美。

接著，我問個案：看清楚自己的愛情狀態，妳想做個好母親，妳擔心先生知道後會傷心難過，妳會想嫁給那位男朋友嗎？
個案立即回答我說：「不會。」

如果不打算放棄好不容易建立的婚姻關係，願意持續這段關係，並且認識到這段關係的不可取代性

建議如下：

意願	關係的修復，首先必須要有改變自己的意願，以及照顧他人的意願，再外推到彼此都能產生持續關係的意願，關係的修復才有可能產生。
覺察	重視的是覺察自己的需要，覺察他人的善意，以及覺察關係的不可取代性。也就是要愛自己、感謝別人和珍惜關係。
行動	則是在產生改變意願，增進覺察之外，進一步付諸行動造成改變，包含了調整自己的行動、肯定他人的行動，以及經營關係的行動。

最後鼓勵個案能夠學習維繫與修復婚姻關係，一定立即去做的改變，就是主動牽著先生的手，妳就不會感到痛苦，理解彼此的關係是可以繼續前進的。

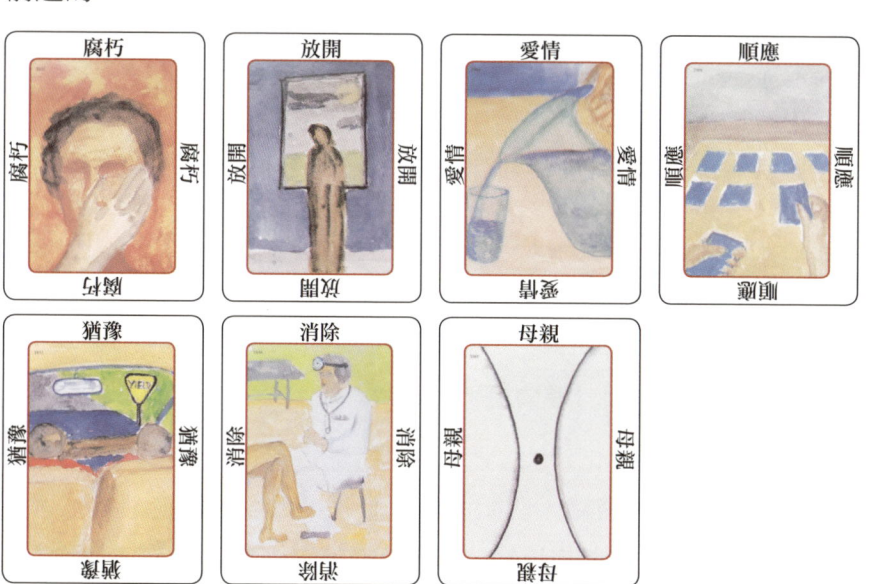

腐朽　　放開　　愛情　　順應

猶豫　　消除　　母親

OH 卡做潛能開發諮詢的 24 個案例解讀

二十. 現代社會壓力大到受不了！

3個方法轉化成為生活動力

現代人面對工作和生活常常是蠟燭兩頭燒，所造成的壓力更是讓人產生心理上的問題，一位30出頭的帥哥，滿臉憂慮的對我說，就業市場很競爭，合適的工作難找，是往下找容易的工作、還是創業？讓他在生活中時常感到煩躁不安，感覺很孤獨、害怕失敗或丟臉，已經失眠兩年以上，不知問題出在哪裡？

在這個問題裡頭首先要了解，在心理學領域中，心理健康對軀體健康的影響，最明顯的是精神緊張和各種消極情緒所引起的內分泌失調，包括甲狀腺亢進、甲狀腺低下、腎上腺皮質醇量分泌太高。

情緒反應導致行為焦慮的症狀是出汗、失眠，難過的症狀則是哭泣、食慾不佳，我們的認知與預期不同或無法掌握狀況時，壓力就會出現，身心失衡使得體內交感神經長期處於亢奮狀態，副交感神經却無法讓身體放鬆，使身體在短時間內消耗大量的能量導致疲勞。

壓力會使身心失去平衡，導致自律神經與荷爾蒙失調，引發的心臟病和其他疾病的機率很高，身體的免疫系統功能就會降低。

建議改善的方法有3點：

- 不要生氣
- 善於溝通
- 學會調適

從嗜好中來轉移疏導情緒，例如運動、旅遊、唱歌、畫畫、插花等，找家人或是朋友談談，以及想想快樂的事情，就可以適度轉移和釋放壓力。

目前因為疫情的關係，難免會遇到各種不同的困難，但這也是一種挑戰，可以培養好的正向特質，對未來滿懷希望就已經具備成功的條件，有信心接受挑戰、預期會有好的結果；另外，面臨壓力時，威脅反應並非唯一反應，若覺得這是挑戰，除了讓你感到焦慮和緊張，也會讓你積極運用資源，做出比較正確的決定和更好的表現。

快樂的人不是沒有痛苦，而是不會被痛苦所左右。人生難免和痛苦相遇，生活中也免不了壓力重重，重要的是，要學會調適自己，無休止的憂慮，不是解決問題的辦法，一味逃避，也不是智慧的選擇。

唯有以一顆感恩知足的心去面對，放下心頭的包袱，輕裝上陣，才能走出困難，找到平安喜樂生活。一個有深度的人，一定是一個有故事的人，所謂的智慧，其實是各種挫敗的磨練。

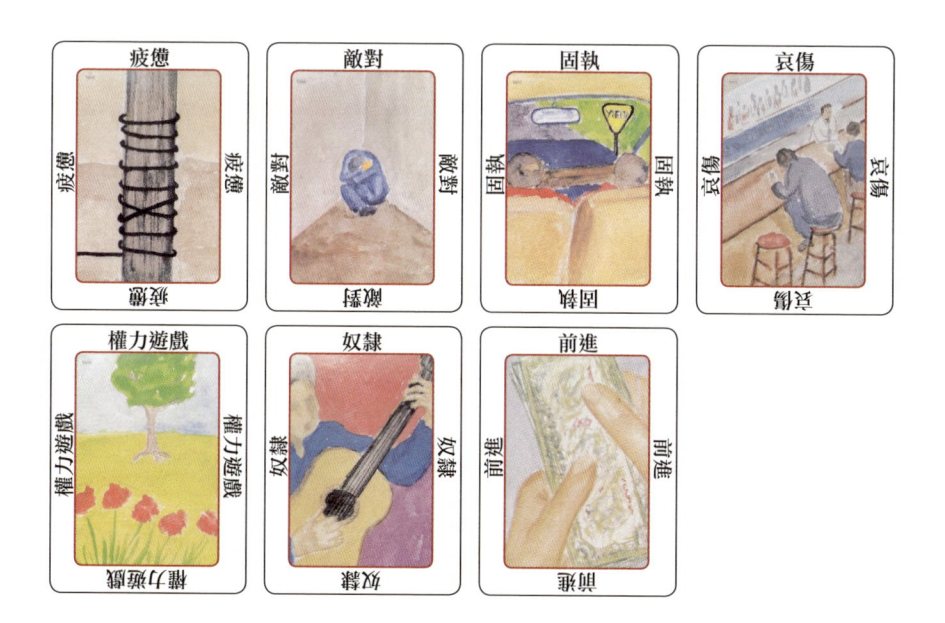

OH 卡做潛能開發諮詢的 24 個案例解讀

二十一. 遠距工作伴侶回巢不適應

四種方法改善夫妻關係

有位已屆退休年齡的美貌淑女，在藝術領域方面有所成就，並且對社團活動、志工服務方面一直都是長期的貢獻，人際關係的表現是很活躍的領導者。最近一段時間常感覺到身體不適，雖然在年初有去醫院做過檢查和治療，但是仍有胃痛、走路會喘、講話時上氣不接下氣、以及頭痛的困擾，希望能找到方法改善自己身心疲憊的狀況！

經過 OH 卡的翻牌諮詢，瞭解造成個案生活壓力的主要原因是和伴侶之間的相處問題，內心常有害怕衝突的擔憂。因為之前伴侶在外地工作，相處的時間少所以磨擦也比較少，這幾年伴侶回家同住，由於多年的婚姻生活累積了許多不愉快的痛苦經驗，甚至是發生過嚴重的暴力行為，以致目前視伴侶如房客。個案說：他吃他的，我吃我的，他也不讓我幫他洗衣服。這樣進入了最沈重〔相怨如冰〕的夫妻相處模式。我說：首先透由感恩的力量，正面的接受這份〔緣〕，才可以有智慧的去改善問題，換個善意的思維，放下過去種種的愛恨情仇，用輕鬆有趣的方式和伴侶溝通互動，就不會和伴侶陷入生活的混亂之中。能夠這樣去做，不再讓這門功課不斷的在人生中出現與重複經歷。

建議如下：

❶ 要被愛，就要讓自己變得可愛。懂得感謝、感激、和讚美對方，會帶給彼此正面的回應，在合適的時機表達關懷與愛意。

❷ 愛，就要給對方美的感受，夫妻相處日久天長，如能稍加修飾打扮，可以增進彼此的吸引力。

❸ 愛就是彼此珍惜，在愛的帳戶中存款，給對方成長的空間和機會。

❹ 愛能帶給兩個人力量，兩個人總比一個人好，因為二人勞碌同得美好的效果，這人可以扶起他的同伴；二人同睡就都暖和，有人攻勝孤身一人，若有二人便能抵擋他，三股合成的繩子不容易折斷。希伯來舊約傳道書，第四章九至十二節。

最後勉勵個案，要用志工的大愛精神，堅持去做！這時，終於聽到個案開懷的笑出聲來！

二十二 . 境由心轉

二寶媽罹癌心情低落轉念用溫暖心境看待

這位 40 歲的已婚婦女，眉頭深鎖很哀傷的告訴我，她在兩年前罹患乳癌，並且還要照顧兩個上小學的孩子。最近因為弟弟常會對媽媽發脾氣，所以媽媽就要求她幫忙照顧弟弟三餐和陪伴弟弟去醫院看病。讓她感到很為難心情低落，要怎麼樣才可以正常生活！

透過 OH 卡牌的潛能開發，瞭解弟弟因為養的小狗過世和公務員的工作壓力大，所以就辦理留職停薪。在家裡常覺得自己身體有問題，情緒很暴躁，去醫院看身心科有開藥，他也不吃。有時候就會用手打玻璃，或是拔自己的頭髮說：都是媽媽害他。而媽媽就會對我說：如果她不在了，要我照顧弟弟！

鼓勵個案要學習對母親做溫暖的溝通，並且在弟弟最無助的時候要擁抱他，不要因為感到煩惱就放棄努力。好好說話是一個家庭最好的風水，也許我們並不認為自己的談話方式是暴力的，但我們的語言確實常常引發自己和他人的痛苦。

生活家庭的瑣事，會讓一個人失去耐心，變得焦躁不滿，只會讓本就不和的氣氛更加冰冷沒有溫度，好好說話可以避免生活中大多數的問題。一個家庭最可怕的是窒息的說話方式，明明是想表達關心，卻變成了對對方的指責。雖然這個互動過程很辛苦，所以學習遊戲般的心情、溫暖的言語和笑容是多麼重要！

建議如下：

每一個十字路口，都迎向不同人生，交錯點的抉擇與體悟，全在一念之間，變化萬千的人生軌跡，看似分明卻又暗藏玄機，走在人生單行道上，回歸嬰兒般純真之心，體驗並蛻變，一步步驗證，了悟生命真相～喜樂的心乃是良藥。

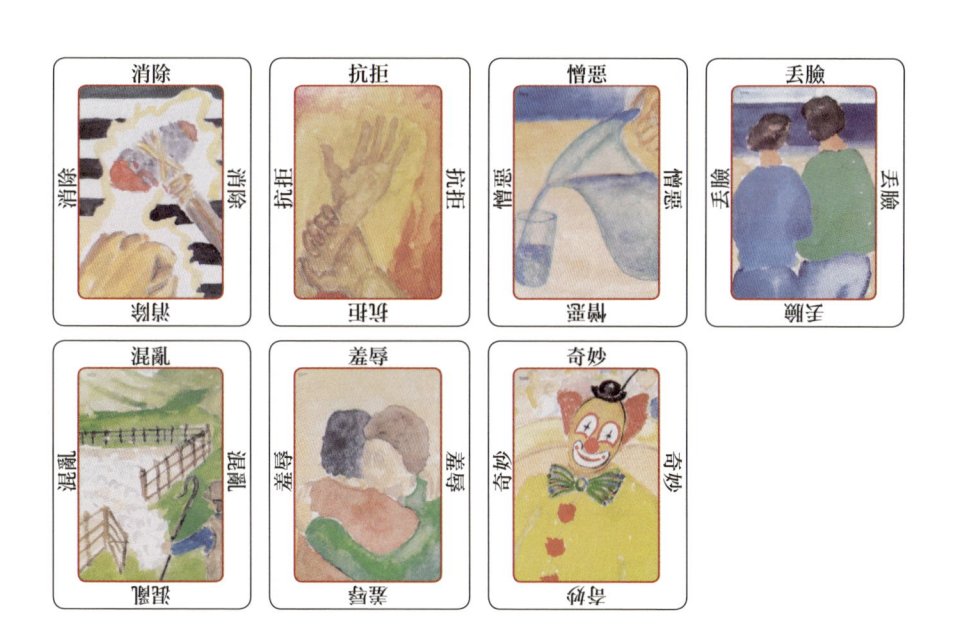

二十三. 關係修復同心圓

與夫不睦又有財務困境面臨退休如何安排生活？

個案是位即將退休的已婚婦女，她略帶感傷的告訴我，她的先生在兩年前罹患自律神經失調就無法工作。先生只願意負擔房貸的費用，其他家中的開支都要自己負責，造成家庭的財務困境，兩人常為錢的事情起衝突。之前因為夫妻性生活不協調，發現先生有外遇，但是因為結婚多年，還有可愛的女兒，所以都選擇原諒，現在擔心自己將要面臨退休要怎麼安排生活？

透過 OH 卡潛能開發的引導，瞭解個案其實是想守著這個家不想離婚的，但是之前婚姻失和的問題沒有進步改善，只有累積憤怒和怨恨，長期都在受害者的問題裡循環，造成兩敗俱傷。只要為錢的事情就衝突吵著離婚，先生就封閉自己拒絕溝通。鼓勵個案即便在這麼糟糕的狀況當中，也要努力去尋找幾個讓自己值得感謝和感恩的事情，讓善的循環帶來美好的生活，在困境中要冷靜下來，去思考這樣的經歷學習到了什麼，能夠使未來希望有成長的結果。

建議如下：

婚姻衝突之後關係的修復需要多種面向的考量，在檢視自己的狀況外，也要對他人及婚姻關係有所努力，且必須有意願、覺察與行動。

意願	首先必須立刻改變自己的意願，以及照顧他人的意願，再外推到彼此都能產生持續關係的意願。婚姻衝突可能是危機也可能是轉機，如果個人願意因此做出改變，可以讓僵局出現轉圜，關係的修復才有可能產生。

覺察	重視的是覺察自己的需要、覺察他人的善意，以及覺察關係的不可取代性。用更淺顯的話來說，就是要愛自己、感謝別人和珍惜關係，或是念及共同走過的風風雨雨，都能增加為婚姻努力的動力，進而修復關係。
行動	在產生改變意願、增進覺察之外，進一步付諸行動。包含了調整自己的行動、肯定他人的行動。此時肯定對方的付出與努力對關係有很大的加分作用，一個小小的鼓勵是關係邁入正向循環的開始。立刻為關係經營付出努力，並非只是等待時間的修復。

在第二天的早上，從 line 上收到個案的問好，她說：昨天一席談話，讓我得到心靈上的抒發與慰藉，您的建言更讓我警醒、覺知！我會好好＜重新省思～上天給我的禮物。＞

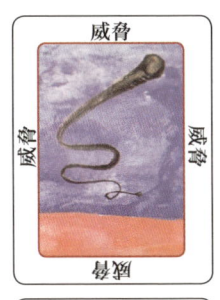

二十四 . 蛻變成功

珍愛家庭變得茁壯、美麗、豐盛

約好在 line 線上做潛能開發諮詢，她是位五十多歲面貌秀麗的已婚女士，在自己擅長的工作領域，專業受到大眾的認可，並且表現的很有特色。因為個性偏向冷靜，總覺得在團隊工作中，表達的能力不夠完整，想要加強進步，如何能夠在工作中自我超越！

透過 OH 卡潛能開發的瞭解，個案的夫妻相處模式是有阻礙的，造成經常與先生無法溝通。因為先生脾氣大，所以個案只能像個小女人配合他、迎合他，或者是選擇不回應，免得彼此磨擦對立。個案疑惑的說：夫妻相處為什麼會這樣？無法產生共鳴，總缺了些什麼。我說：這是妳的人生課題，而妳的先生是來配合妳完成使命的生活教練。個案說：是的，因為先生的關係，使我在工作中比較開心和找到成就感。而且先生也很支持我的工作，會提供給我一些務實的意見，也主動負責旅途的接送，讓我生活無後顧之憂。

鼓勵個案積極的改變夫妻相處模式，情感、家庭、關係是每個人心底的安全感，是每個人重要的學習場所，成為豐盛家庭覺醒的實行者。

人性中最核心的正能量，權力、金錢、愛情、親情、健康都是在考驗我們的心，心自由是在放下執著的剎那，一切隨順自然，遵循著內心而走，無所拘束、無包袱、無分別，便是上天所賜予的恩典！應該如何去消除這些卡點？如何發展出這種分辨能力？瞭解自己的人生課題，就不會被重複的事情困住。

愛就是妳內在生命的動力，如果沒有愛，妳的動力就會不足，遇到許多挫折的時候，很容易就半途而廢。

建議如下：

自我超越包括兩個動作
❶ 不斷釐清到底什麼對我最重要。
❷ 不斷學習如何能夠更清楚看清目前真實的情況。

卡片：強迫、哀傷、前進、違背、焦慮、聰明、習慣

OH 卡如何協助處理壓力

1. 表達與釋放壓力情緒

壓力常源自無法說出口的情緒與壓抑感。使用 OH 卡時,透過圖像與文字的自由聯想,個案可以間接地表達壓力來源與情緒(如焦慮、恐懼、疲憊),讓內在有出口。

2. 覺察壓力的真正來源

很多時候,我們以為壓力是「工作太多」、「時間不夠」,但 OH 卡可協助我們更深層地探索壓力背後的信念(如「我要完美」、「我不能失敗」)。透過抽卡與敘說,引導個案辨識壓力的心理根源。

3. 喚醒內在資源與應對能力

OH 卡可讓個案抽出代表「內在支持」的圖像卡,象徵其內在潛能,如:堅定、詼諧、喜悅、希望等。透過這樣的覺察,個案能夠重新連結過去成功度過壓力的經驗,建立自我效能感。

4. 發展新的應對策略

使用圖像卡加文字卡的組合,可以創造新的象徵行動或啟發創意解法。例如:「這張圖代表我需要停下來休閒」或「這個詞提醒我學會放開」。

5. 建構壓力轉化的故事

壓力不再只是問題,也可以轉化為成長的契機。在 OH 卡的敘事過程中,個案學會如何重構壓力經驗,並從中發展出意義與力量。

OH 卡處理壓力的應用活動建議

活動範例：壓力三部曲練習
❶ **壓力現況牌** 抽 1 張圖像卡和 1 張文字卡：「這張圖代表我目前最大的壓力是⋯？」
❷ **內外在資源牌** 抽 2 張圖像卡和 2 張文字卡：「面對這個壓力，我有哪些資源或潛能？」
❸ **轉化之路** 抽 1 張圖像卡和 1 張文字卡：「這個方法可以如何幫助我轉化或行動？」

OH 卡學理支持

- **投射理論**：圖像卡協助投射內在經驗，有助於非理性層次的處理。
- **敘事療法**：透過說故事來重寫壓力經驗，強化主體性。
- **正向心理學**：連結優勢與資源，提升心理韌性。

生命覺醒

　　生命覺醒是人生在每一個遇到困境的時候，都有機會能夠向內醒悟把握當下，用心找到感恩的力量，可以有信心的提升自己，接受指引走向光明的道路上。是一種內在覺察與成長的過程，當它實際運用在生活中，能帶來以下幾個明顯的好處：

提升自我覺察	你會更清楚自己的情緒、想法與行為模式，避免無意識地重複過去的傷痛或錯誤。
改善人際關係	當你懂得觀照自己，也會更能理解他人，進而促進更和諧、真誠的互動。
增強內在力量與穩定感	覺醒帶來內在的穩定與信任，即使面對外在風雨，也不容易被擊垮。
活出更有意義的人生	你會開始追求內心真正渴望的目標，而非只是社會期待或表面的成功。
提升創造力與直覺	當心靜下來，頭腦不再被雜訊干擾，靈感與創造力會更自然地流動。
放下執著與恐懼	覺醒的歷程幫助你鬆開對控制、過去與未來的執念，更自在地活在當下。

勇敢做獨一無二的你

- 小時候，幸福是一件東西，擁有就幸福
- 長大後，幸福是一個目標，達到就幸福
- 成熟後，發現幸福原來是一種心態，愛自己就幸福，做一個簡單快樂的人！

愛自己有個重要的前提就是，首先要認識自己。認識自己是一個學習的過程，這是必須要歷練的，可以在學習的時候不斷地提升自己，到一個最美好的樣子。OH 卡潛能開發就是從認識自己開始，一層一層的去看自己，有一個明確的方式依循去學習並實踐目標。我們的內在情緒是千變萬化，因爲人要面對現實的環境，而有很多個不同樣貌的我。所以我們可以透過 OH 卡潛能開發的學習，更深層次的認識自己，蛻變成更好的我，這個蛻變的過程，其實就是內外皆美的目標。

超個人心理學是心理學的一個分支，關注超越個人自我的體驗，如亞伯拉罕．馬斯洛的「高峰經驗」與王陽明（明代儒學家）知行合一的人生哲學，雖然來自不同的文化與時代，但他們的核心目標都有助於人的自我超越與內在統一，且都強調個體的內在成長與實踐，可以讓人重新獲得強大的內心，積極的精神狀態。兩者都認爲內在覺悟必須與實踐相結合，不能停留在理論或抽象思考，應該落實到行動與生活中。正確的知行觀是慎始善終，念頭一動就要端正方向，得了真知，而後躬行實踐，才能取得好的結果，將知落實於行的實處，實現了知和行的互相促進。陸九淵（南宋理學家），心學的創始人，其主張「吾心即是宇宙」，「明心見性」，「心即是理」，偏重在心性的修養。他認爲，人若能徹底彰顯本心（良知），便能與宇宙生生之理完全契合，個體生命由此獲得無限的擴展性。潛能非

外在注入，而是本心固有智慧的顯發，如：人的創造力、道德力、審美力皆爲心體本具。

外在的事件都只是內心投射的結果，問題的源頭在內心，而內心出現了問題，正是愛出現了問題。我們可以透過 OH 卡潛能開發的學習，瞭解在愛的部分是哪裡糾結了？只有誠實的去實踐愛，所困擾的事件才會被解決，才可以改善無形的身心壓力，所執著的可以因此而放下，能夠積極的、平靜的達到自我超越的目標。

生命就是愛的延續，愛只有透過給予的時候才能看見，而我們通常都只是跟對方索討東西，因此製造了許多衝突和對立，才會讓自己的情緒陷入混亂。「給」，是世界上最美好的事，給人一句好話，一個微笑，一份心意，一點服務，善的給予美化了人生、淨化了社會，能維繫彼此之間的和諧。更能夠經營自己想要的家庭生活。並且在精神層面上，情感內心是不可計數、取之不盡、用之不竭的，你對別人付出越多關懷，則自己的內心也越是自由自在。當你能夠成爲愛，創造愛，你才開始眞實的、眞正的活著，因爲愛是在整個宇宙裏最有影響力的存在。愛會涉及人體內巨大能量和頻率的提升，主要通過身體、意識和精神得以表現，這是一種能量的轉換和重新整合的過程，也可以被理解爲個體的進化過程，是每一個內在成長所必經之路。

孔子曰：「不知命，無以爲君子。」所謂知命，首先要知己命，其次是知天命。知己命，是說一個人要知道自己的天賦秉性，知道自己怎樣與人相處，怎樣立身處世。知天命，則是說一個人能夠窺伺天道，知道自己的時運，物來順應處變不驚。無論遭遇什麼，都能順勢而爲坦然面對一切。井底之蛙不能游於深淵，家庭養的雞不能飛沖的太高，因爲牠見的少

聽聞的也少，而且牠的耐力也不足夠。所以古之學者，對於沒有見過、沒有聽過的，求之不得而力行之，並且力行不息精石為開，自能達到突破的境地，心態就在一念之間，在團體中能擔重任，願意付出的人，能力就自然提升。

　　你抵抗什麼，什麼就會擴大，你抱怨什麼，什麼事就在你身上發生，這叫怕什麼來什麼的「墨菲定律」。面對機會和挑戰，你相信你能與不能都是對的，但是不一樣的意識決定不一樣的結果。當我們的痛苦非常深的時候，我們或許會試著去壓抑它，使得甚至連我們自己也不知道，這樣做可能會使自己的心情變得凍結、僵硬、焦慮，多數人都曾經覺得唯一的方式就是封閉自己的感情，好讓自己不再受傷。哭泣能夠幫助我們放掉痛苦，能夠使我們對自己溫和一點，曬曬中午的太陽，會讓身心感受到溫暖的光，內在就會開始融解放鬆，鼓勵培養平靜心態，生活要設定人生目標，因為「愛」而產生巨大的內在動力，就是要愛自己、感謝別人和珍惜關係，肯定與愛的話語才能為自己創造最好的結果。

　　柏拉圖說：強烈的執著於自我，是惡行劣迹最常見的來源！你必須時刻鼓勵自己，放下執著超越自我，要一直持續這樣循環的好習慣。這種身心和諧是你永恆不變，最深沉的部分，是有智慧的、有愛心的、安靜的和充滿喜悅的。這個過程非常的痛苦和難受，你將會不斷和心中的小我（ego）鬥爭來克服，必須具備非常大的勇氣和決心，放下我執，放下小我（ego），放下自己的虛榮、謊言、追求慾望等，會時常與內在的意願相對立，這是人生重要的體驗。要記得面對困難時保持韌性，加強自我認知與情緒管理，以及在生活中所應承擔的責任，勇敢的挑起來堅持去做，就能夠釋放壓力，轉換負面信念，停止自我批判，進行正向的內在對話。

明白我是一切的源頭，開始接受了自己，就不會苛責自己、苛責別人，或者去苛責外部的環境。會停止抱怨、懷疑自己、攻擊自己，就可以察覺哀傷、憎恨、焦慮、恐懼的混亂狀態，不再讓任何負面情緒去消耗自己的能量。如果能夠看懂自己的生命說明書，你人生的維度就不一樣，你會開始向內關照，臨站在每一個當下做好自己。除了經營親密關係之外，還要學習把自己放在對的主體位置，無論遇到多大的人生風雨，在生活中扮演好兒女、好伴侶，去做好這些角色，學會調整自己情緒的能力，並學習讓自己快樂的方法，才能活出生命獨特的意義。

　　未來的世界，貴在差異，持續向內探索，打開無限潛能，順應宇宙法則，積極的在因上努力，在果上隨緣。面對壓力與逆境時，依舊抱持樂觀與熱忱，才能度過種種難關，進而實踐遠大的夢想。因此我們可以說，各種專業的「硬實力」，只是成功的敲門磚，而在逆境中轉化心念的「軟實力」，能夠轉化心中悲觀的念頭，戰勝沮喪的情緒，才是真正開啓成功大門的秘密關鍵。要知道無論順境、逆境，其實都是人生必經的歷程。順境時，應保持適當的憂患意識，逆境時，也應保持平常心。

　　這本結合了心理、輔導、以及新時代觀點的 OH 卡運用手冊，藉由問話與引導的方式，有系統地學習，如何運用科學與藝術的技術與自助助人的探索形式，更是一場關於自我探索與內在成長的旅程。先改變自己的能量場，內心豐盛健康，充滿愛與力量，感受光明而自由，幫助個案能夠客觀的自我檢視，幫助許多人想要解決問題卻又不知道怎麼辦的狀況。有方向的自我意識開發，並且協助邁向自我實現，甚至達到生命覺醒，是找回內在平靜通往高我意識的道路，是許多助人工作者所引領期盼的參考媒材，衷心推薦給大家。「轉念」必須主動轉化才能生成智慧，用行動當機力斷，書寫新的遊戲規則，用心耕耘相信揮汗的付出，定能突破艱困，來

幫助自己達成想要的願望。回歸家庭茁壯、豐盛、富足，爲你開啓自由燦爛的人生，勇敢做獨一無二的你！希望這本書透過個案的案例資料與教學經驗，將這門技術提升成愛與智慧的實踐，能爲更多有緣人開啓一扇新的大門，讓愛的光照亮更多需要幫助的人。

願我們永遠活在愛中！

如果我們擁有感恩的能力，就會看見別人的美好！

如果我們擁有感動的能力，就會看見生命的美好！

如果我們擁有發現美的能力，就會看見生活的美好！

作　　者	柯惠	
總 編 輯	薛永年	
美術總監	馬慧琪	
文字編輯	楊鈺萱	
美　　編	陳亭如	
業務副總	林啟瑞	

> 國家圖書館出版品預行編目(CIP)資料
>
> 生命覺醒!OH 卡潛能開發 / 柯惠著 .-- 一版 .
> -- 新北市 : 上優文化事業有限公司,2025.06
> 192 面 ;17x23 公分 . -- (潛能開發 ; 1)
> ISBN 978-626-99639-2-8(平裝)
> 1.CST: 心理測驗　2.CST: 潛能開發
> 179.1　　　　　　　　　　　114006396

出 版 者	上優文化事業有限公司
地　　址	新北市新莊區化成路 293 巷 32 號
電　　話	02-8521-3848
傳　　真	02-8521-6206
總 經 銷	紅螞蟻圖書有限公司
地　　址	台北市內湖區舊宗路二段 121 巷 19 號
電　　話	02-2795-3656
傳　　真	02-2795-4100
E m a i l	8521book@gmail.com （如有任何疑問請聯絡此信箱洽詢）
網路書店	www.books.com.tw 博客來網路書店
出版日期	2025 年 06 月
版　　次	一版一刷
定　　價	420 元

上優好書網　FB 粉絲專頁　LINE 官方帳號　Youtube 頻道

Printed in Taiwan
書若有破損缺頁，請寄回本公司更換
本書版權歸上優文化事業有限公司所有　翻印必究

(黏貼處)

生命覺醒！
OH卡潛能開發

讀者回函

❤ 為了以更好的面貌再次與您相遇，期盼您說出真實的想法，給我們寶貴意見 ❤

姓名：	性別：□男 □女	年齡： 歲

聯絡電話：（日） （夜）

Email：

通訊地址：□□□-□□

學歷：□國中以下 □高中 □專科 □大學 □研究所 □研究所以上

職稱：□學生 □家庭主婦 □職員 □中高階主管 □經營者 □其他：

- OH卡牌幫助到你什麼？

□增進人際關係 □情感的疏導 □情緒管理與釋放

□理解內心的困惑 □強健自信心 □其他＿＿＿＿＿＿＿＿＿＿＿＿＿＿＿＿

- OH卡牌給你甚麼樣的啟發？

□生活當中的靈感 □增加創造力 □打破思維定勢

□激發未知的潛能 □解決問題的能力 □其他＿＿＿＿＿＿＿＿＿＿＿＿＿＿＿

- 《生命覺醒》OH卡潛能開發 這本書哪裡最吸引您？

□作者 □出版社 □實用性高 □碑推薦 □排版設計精美

□其他：＿＿＿＿＿＿＿＿＿＿＿＿＿＿＿＿＿＿＿＿＿＿＿＿＿＿＿＿

- 跟我們說說話吧～想說什麼都可以哦！

□□□-□□

寄件人　地址：

　　　　姓名：

```
廣　告　回　信
免　貼　郵　票
三 重 郵 局 登 記 證
三 重 廣 字 第 0 7 5 1 號
　　　平　信
```

24253 新北市新莊區化成路 293 巷 32 號

上優文化事業有限公司　收

生命覺醒！
OH卡潛能開發　　**讀者回函**

(請沿此虛線對折寄回)

生命覺醒！
OH卡潛能開發

上優文化事業有限公司
電話：(02)8521-3848
傳真：(02)8521-6206
信箱：8521book@gmail.com
網站：www.8521book.com.tw

上優好書網　　FB粉絲專頁　　LINE官方帳號　　Youtube頻道

數位學習專業平台

上優好書網
會員招募

課程抵用券 $100

立即加入會員贈送$課程抵用券

2025 最新強打課程

營業版！小資創業 滷出百萬商機
授課老師：李鴻榮

茶甜點
授課老師：Eva 游舒涵
博客來暢銷書作者
2024 年度百大排行榜
飲食類第一名

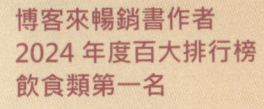

法式千層甜點學堂
授課老師：賴慶陽 Jason
博客來暢銷書作者
2024 年度百大排行榜

老師傅的渥菜家宴
授課老師：戴德和

圍爐年菜輕鬆做 海陸龍歡喜
授課老師：鄭至耀、陳金民

節慶經典 宴席料理
授課老師：鐘坤賜、周景堯

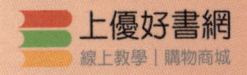

上優好書網
線上教學｜購物商城

加入會員
開課資訊

LINE客服

OH卡
繁體中文版
（德國原廠正版）

購買連結

勇敢做獨一無二的你

打開我們先天本有的智慧和能力
可以點燃自己的生命
這生命是光
可自照亦可照亮別人

藉由問話與引導的方式，有系統地學習，如何運用科學與藝術的技術與自助助人的探索形式，更是一場關於自我探索與內在成長的旅程。

定價 2150 元

內容包含：88張字卡 + 88張圖卡